Leonardo Maria Pompei

La consacrazione a Maria

Leonardo Maria Pompei

La consacrazione a Maria

Come e perché consacrare la propria vita alla Madonna

Edizioni Sant'Antonio

Impressum / Stampa
Bibliografische Information der Deutschen Nationalbibliothek: Die Deutsche Nationalbibliothek verzeichnet diese Publikation in der Deutschen Nationalbibliografie; detaillierte bibliografische Daten sind im Internet über http://dnb.d-nb.de abrufbar.

Informazione bibliografica pubblicata da Deutsche Nationalbibliothek (Biblioteca Nazionale Tedesca): la Deutsche Nationalbibliothek novera questa pubblicazione su Deutsche Nationalbibliografie. Dati bibliografici più dettagliati sono disponibili in internet al sito web http://dnb.d-nb.de.

Coverbild / Immagine di copertina: www.ingimage.com

Verlag / Editore:
Edizioni Accademiche Italiane
ist ein Imprint der / è un marchio di
OmniScriptum GmbH & Co. KG
Heinrich-Böcking-Str. 6-8, 66121 Saarbrücken, Deutschland / Germania
Email / Posta Elettronica: info@edizioni-ai.com

Herstellung: siehe letzte Seite /
Pubblicato: vedi ultima pagina
ISBN: 978-3-639-60601-0

Don Leonardo M. Pompei

LA CONSACRAZIONE A MARIA
Forme e gradi di consacrazione e devozione
al cuore Immacolato di Maria

PREFAZIONE

Una delle richieste fondamentali formulate alla Madonna durante le apparizioni di Fatima (13.5-13.10.1917) e durante le successive rivelazioni fatte soprattutto a suor Lucia negli anni immediatamente seguenti, fu quella di consacrare la Russia, le famiglie e se stessi al suo Cuore Immacolato, facendo dipendere da questo atto addirittura le sorti del ventesimo secolo e lasciando comunque intendere che l'importanza di questo gesto (e della devozione al suo Cuore Immacolato, anche con la nuova pratica dei primi cinque Sabati del mese) sarebbe stata decisiva soprattutto per resistere alle prove ed alle nuove e numerose difficoltà incontrate dai credenti nel mondo contemporaneo.

Come mai questo gesto è così importante? Cosa cambia nella vita di una persona che si consacra a Maria? In cosa consiste questo gesto? Quali sono le condizioni per poterlo compiere? Quali cambiamenti di vita e di comportamenti esige nella vita del consacrato? Come fare per potersi consacrare a Maria? Esiste una gradualità, una differente intensità, un grado maggiore o minore di impegno in chi si consacra alla Madonna?

Le considerazioni che seguono, frutto di un ciclo di ritiri mensili imperniati sulla consacrazione a Maria, si propongono di rispondere a queste domande, mostrando come la consacrazione alla Madonna ha dei fondamenti molto solidi (anche se *impliciti*) già nella storia della salvezza e nella vita sacramentale di un cristiano (non per niente san Luigi M. Grignion di Montfort concepisce la consacrazione alla Madonna come una perfetta rinnovazione delle promesse battesimali), pur essendo un "segreto", una "perla preziosa" ed un "tesoro nascosto" che Dio rivela a chi vuole, perché presuppone il togliere qualche velo per manifestare qualcosa del suo più grande capolavoro e del suo grande "Segreto": è una creatura, ma le sue altezze sfiorano il cielo; è umilissima, ma la sua grandezza non si può misurare; è nascosta e sconosciuta ai più, ma la sua bellezza è assolutamente indicibile; è una donna Vergine, ma è la vera Madre dell'Uomo-Dio; è immacolata, tutta santa e divina, ma anche misericordiosa con i peccatori, dolce e divinamente umana; è il sospiro dei santi, la gioia degli angeli, la delizia della Santissima Trinità; è la Perla preziosa del Paradiso, la Scala bianca e la Porta per raggiungerlo, anzi è il Paradiso mistico di Dio. Ci ottenga Lei stessa, da Dio, la grazia di poterla almeno un poco conoscere, ma di poterla anche molto servire e molto, anzi moltissimo, amare.

L'autore

CAPITOLO I
LA CONSACRAZIONE A MARIA

Il concetto di consacrazione nella Sacra Scrittura

Il termine "consacrazione" vuol dire, letteralmente, "fare sacro *insieme*", oppure "rendere sacro *insieme*". Nella sacra Scrittura compaiono due concetti: quello di *santità*, intesa come trascendente separazione da ogni realtà creata, che si può predicare propriamente solo di Dio, che è il tre volte santo, ovvero il santo per essenza ed antonomasia, il perfettissimo, il sommo, l'eterno e l'increato; ad esso, dunque, si oppone ogni realtà creata in quanto tale, ovvero il *mondo* in quanto creato da Dio. Vi è inoltre il concetto di *sacralità*, che si riferisce ad una realtà creata (una cosa, un popolo, una persona, un luogo) che viene però "attratta" nella sfera di Dio e sottratta alla sua mera condizione di appartenenza alla realtà mondana; al termine "sacro", inteso come qualcosa che viene sottratta alla sua destinazione normale per essere dedicata a Dio e attratta nell'orbita della sua infinita santità, si oppone il termine di *profano*, che è un qualcosa che rimane pienamente inserito nella sua realtà creaturale e mondana e che quindi ha con Dio il solo rapporto (naturale) di essere un frutto diretto delle sue mani (quando si tratta di una creatura) oppure un frutto indiretto di esse (quando si tratta di una cosa che è stata fatta o ordinata, per esempio, dall'uomo: una casa, una città, una nazione, una legge, etc.).

Come una realtà creata diventa sacra

Una realtà creata diventa sacra, anzitutto, quando Dio, liberamente, sceglie di dedicarla a sé, a scopo di culto a Lui (un tempio, un vaso sacro) o di esercizio di un ministero o un potere che è strettamente connesso con l'infinita potenza e sapienza di Dio (un re, un sacerdote). La Scrittura, in effetti, conosce tre forme di consacrazione degli uomini: i re, che venivano unti e consacrati con l'olio da parte di un rappresentate di Dio (sacerdote o profeta); i sacerdoti, che ugualmente venivano unti e consacrati con l'olio da chi aveva la massima carica sacerdotale (sommo sacerdozio); ed infine i profeti, che venivano consacrati tali, normalmente, da Dio personalmente tramite un'investitura diretta. Nella Scrittura, inoltre, Dio si sceglie un popolo (nell'AT Israele, nel NT la Chiesa) perché fosse a Lui consacrato, cioè si dedicasse al suo servizio, alla sua obbedienza ed al suo culto; e vi sono infine le consacrazioni delle cose (templi e luoghi di culto, oggetti dedicati al culto, animali, etc.).

L'Autore delle consacrazioni

Si capisce, dunque, come l'Autore primario di ogni consacrazione sia Dio, perché rendendo una persona, un popolo o una cosa sacra a Sé, la attrae nell'orbita della sua santità per destinarla al suo servizio: si tratta della cosiddetta *consacrazione* ***oggettiva***, che ha in Dio la sua causa ed il suo fattore determinanti. La consacrazione oggettiva è immediatamente e senz'altro efficace quando riguarda cose o luoghi: una volta che il rappresentante di Dio ha consacrato una cosa, questa diviene destinata al suo culto e al suo servizio; può venire profanata solo se un uomo la distoglie dall'uso sacro per utilizzarla a scopi profani (come uno che prendesse un vaso sacro e lo usasse per bersi un bicchiere d'acqua). Quando però la consacrazione *oggettiva* riguarda una persona (un re, un profeta) o un popolo (Israele) perché sia efficace occorre una risposta positiva da parte del consacrato (consacrazione ***soggettiva***): dal momento che l'uomo, infatti, è dotato di libera volontà, pur essendo *scelto* da Dio per dedicarsi al suo servizio, non può esservi *costretto*: per cui se non risponde alla scelta divina *consacrandosi* al servizio di Dio (cioè accettando il disegno di Dio ed impegnandosi ad osservarne le leggi e i voleri e gli adempimenti necessari per il compimento della sua missione di consacrato) questa consacrazione sarà efficace da parte di Dio (che comunque darà al consacrato tutti i mezzi per poter, se vuole, adempiere la sua missione), ma inefficace da parte dell'uomo. Per esempio, la relazione di "consacrazione" tra Dio e il popolo è regolata dal rapporto di Alleanza: un patto con cui Dio si impegna a dare ai suoi consacrati tutti gli aiuti necessari e richiede, da parte loro, l'osservanza delle sue leggi. Nell'AT Dio rimane sempre fedele alla sua Alleanza, ma Israele la viola ripetutamente. Tutto ciò valeva nell'AT.

La consacrazione nel Nuovo Testamento: Gesù, la Madonna, i Dodici

Gesù, che si presentò agli uomini come il Messia o Cristo (unto), è il consacrato per antonomasia: la manifestazione della sua consacrazione da parte dell'Altissimo avvenne durante il suo Battesimo nel fiume Giordano, dove lo Spirito scese su di Lui e manifestò la verità delle parole profetiche di Isaia riferentisi al futuro Messia: "lo Spirito del Signore Dio è su di me, per questo mi ha consacrato con l'unzione". Similmente, nella Scrittura, la Vergine Maria appare consacrata dallo Spirito Santo nella sua concezione verginale ("lo Spirito Santo scenderà su di te"...). Sia Gesù che Maria risposero a Dio Padre con una perfetta consacrazione soggettiva alla loro missione ed ai voleri del Padre su di loro. Anche i Dodici furono consacrati: Gesù nell'ultima Cena, pregò il Padre di "consacrarli nella verità" e non diedero inizio alla loro missione se non dopo la Pentecoste.

Le consacrazioni cristiane: battesimo, cresima, sacerdozio, consacrazione religiosa

La consacrazione oggettiva, da parte di Dio, come abbiamo visto, determina un *cambiamento sostanziale ed irrevocabile* nella condizione di una persona, di un popolo, di un luogo o di una cosa: sottratto all'uso profano questo viene, per volontà dell'Altissimo, riservato per Sé, per il suo culto e per il suo servizio (diventa sacro). L'efficacia di questo atto, come abbiamo visto, è subordinata alla risposta delle creature intelligenti quando riguarda loro. I contenuti della teologia biblica sulla consacrazione sono passati in alcuni ***sacra***menti ("realtà sacre") istituiti da Gesù. Anzitutto ci sono alcune *cose* che vengono sottratte al loro uso comune e ordinario per diventare veicoli di grazia: l'acqua, l'olio, il pane e il vino, il sale, per esempio. Alcuni sacramenti, inoltre, lasciano nella nostra anima un *segno indelebile* e per questo possono essere ricevuti una sola volta: si tratta del Battesimo, della Cresima, e dell'ordine Sacro. Questo "segno indelebile" non è altro che una particolare qualità spirituale che viene impressa nell'anima di chi riceve il sacramento e che è espressione della consacrazione oggettiva che con quel sacramento Dio realizza: il Battesimo rende una creatura umana partecipe della natura divina e libera dalla colpa d'origine, e la abilita a ricevere validamente ed efficacemente tutti i sacramenti e i sacramentali istituiti da Gesù; la Cresima consacra una persona al culto *profetico*, cioè la rende capace di testimoniare la sua fedeltà a Cristo con la vita e con la parola; l'ordine sacro consacra una persona a Dio rendendola partecipe del sacerdozio ministeriale di Gesù, ovvero conferendole dei poteri divini finalizzati alla santificazione degli altri. Come mai, dunque, alcuni battezzati non sembrano figli di Dio, alcuni cresimati non solo non testimoniano ma scandalizzano, alcuni sacerdoti non sono santi come dovrebbero? Semplicemente perché, alla consacrazione oggettiva ricevuta dall'Altissimo, non è seguita la consacrazione *soggettiva* della vita a Dio; ho ricevuto da Dio la grazia di essere suo figlio, capace di lottare e di vincere il peccato? Sì, nel Battesimo, ma devo volerlo come scelta di vita e questa scelta va ratificata ogni giorno, con la volontà e con le opere. Sono divenuto con la Cresima capace di testimoniare la mia fede fino al martirio? Sì, ma devo volerlo! Sono divenuto ministro dell'Altissimo? Sì, ma la mia vita che è stata completamente tolta dal mondo profano, non deve farsi risucchiare dal mondo e dai suoi piaceri.

Vi è un'ulteriore forma di **consacrazione** nella vita della Chiesa: si tratta della consacrazione *religiosa*. Quest'ultima non è un vero e proprio sacramento, ma un *sacramentale*, ovvero un'azione sacra a cui è connessa una grazia proporzionata alla fede e alla devozione di chi la pone in essere o la riceve. Essa è una risposta ad una chiamata divina che Dio fa ad alcuni a vivere in forma *piena*, *radicale* e *totale* la consacrazione già ricevuta nel Battesimo: *piena*, perché comporta una serie di ulteriori obblighi e proibizioni che un semplice fedele non ha; *radicale,* perché richiede la volontà di conformazione massima allo stile di vita ed ai consigli di Gesù; *totale*, perché comporta la messa a disposizione della totalità della propria persona e del proprio tempo a Dio. Alla consacrazione *oggettiva*, che si realizza nel giorno della professione solenne o perpetua dei tre consigli evangelici con la forma del voto, deve seguire la continua consacrazione *soggettiva* che il consacrato compie nello sforzo continuo di tendere alla massima perfezione possibile attraverso l'osservanza scrupolosa dei tre consigli, l'osservanza della regola della propria congregazione o istituto e la pratica almeno generosa ma possibilmente eroica delle virtù cristiane. La consacrazione religiosa comporta un cambiamento irreversibile nella vita di un cristiano, che lo porta ad assumere uno status proprio e specifico nella vita della Chiesa. Le prime forme di vita consacrata attestate nel nuovo Testamento (dopo quella, ovviamente, di Maria e di Gesù) sono le vergini e le vedove (di cui ci parla san Paolo nella prima lettera ai Corinzi).

La consacrazione a Maria

La consacrazione a Maria somiglia in parte alla consacrazione religiosa ed è una forma di assunzione seria della necessaria *consacrazione soggettiva* a cui ogni cristiano è tenuto in forza del Battesimo. Anche la consacrazione a Maria ha radici anzitutto bibliche: è stato Gesù il primo a consacrare a sua Madre il genere umano quando, dall'alto della Croce, le disse: "Donna, ecco tuo figlio". Da quel momento Maria ha cominciato a considerare ogni uomo come suo vero figlio, come se fosse l'unico. Gesù ha inoltre chiesto all'umanità di consacrarsi a Maria, dicendo a Giovanni: "ecco tua Madre", cosa a cui Giovanni rispose accogliendo Maria "tra le sue cose più preziose". È stata poi la Madonna in persona a chiedere, con molta insistenza a partire da Fatima in poi, la consacrazione delle persone, delle famiglie e addirittura delle nazioni intere, al suo Cuore Immacolato. Perché? Perché Dio vuole che sia riconosciuta una cosa molto semplice, cioè che tutte le grazie e i doni che Egli fa all'umanità passano per le mani di Maria: Ella fu Colei che ebbe tutte le grazie e i doni, e Dio stabilì che gli uomini li avrebbero partecipati da Lui come causa prima ma da Lei come causa seconda. Fare la consacrazione a Maria, dunque, vuol dire riconoscere oggettivamente questa imprescindibile funzione mariana e consentire a Maria di fare nella nostra anima ciò che Gesù le ordinò dalla Croce; al tempo stesso ci impegna ad accoglierla nel nostro cuore, nella nostra vita interiore, nelle nostre scelte, cioè a mettersi alla sua scuola come un figlio nei confronti della Madre, che da essa impara letteralmente tutto. Ora, mentre dal lato di Maria (consacrazione oggettiva) Ella esercita in maniera perfetta la sua funzione dal giorno in cui una persona le si consacra, è evidente però che tale azione sarà tanto più efficace quanto maggiore sarà la docilità, l'obbedienza, l'apertura, la risposta del consacrato ("consacrazione" vuol dire "fare sacro *insieme*"). Per cui, se è vero che la consacrazione determina un cambiamento oggettivo nella vita interiore di una persona, che da quel momento è sotto la cura piena, totale e diretta di Maria, non è meno vero che tale consacrazione può produrre pochissimi frutti se è poco vissuta, e se, addirittura, è totalmente trascurata, dimenticata o non corrisposta, non si può pensare che sicuramente impedisca la dannazione, cosa possibile anche a un battezzato, un sacerdote o una religiosa. Consacrarsi a Maria presuppone dunque la volontà di vivere seriamente e "con una marcia in più" le promesse del proprio Battesimo e impegnarsi a dare un taglio mariano, una struttura mariana alla propria spiritualità. Vedremo nel prossimo capitolo in cosa ciò consiste ed anche le forme, i modi e i gradi con cui è possibile fare dono della propria vita alla santa Vergine Maria.

Forme della consacrazione a Maria

La consacrazione a Maria può assumere la forma *semplice* (comporta una più profonda devozione a Maria e qualche impegno specifico che si prende nei suoi confronti) oppure la *consacrazione radicale* nella forma della santa schiavitù d'amore (san Luigi Montfort) oppure nel consegnarsi a Maria come sua cosa, proprietà e strumento (san Massimiliano Maria Kolbe), oppure come vittima di olocausto nel suo amore (santa Teresa di Gesù Bambino, pastorelli di Fatima).

Le differenti forme di consacrazione a Maria hanno, anzitutto, degli elementi che le accomunano, che si possono riassumere fondamentalmente nei punti seguenti: la volontà di appartenere a Maria, di ricorrere a Lei come aiuto nella propria santificazione, la scelta di una spiritualità mariana (grande importanza e tempo dati alla preghiera e alla penitenza), la volontà di chiudere per sempre col peccato mortale e di combattere i peccati veniali volontari, la frequenza ai sacramenti.

Avendo però delle forme e dei gradi differenti, le varie consacrazioni a Maria hanno anche delle rilevanti differenze. La consacrazione semplice, infatti, è paragonabile alla vita di un buon battezzato; quella radicale alla scelta di seguire *radicalmente* Gesù, per cui comporta uno stile di vita molto impegnato nella santità, che, pur essendo compatibile con ogni stato di vita (celibe/nubile, coniugato, consacrato/a), si "avvicina" almeno in parte alla consacrazione religiosa, nel senso che richiede radicalità e generosità nell'impegno della sequela di Cristo: essa dunque non si può fare se non c'è una forte decisione di puntare al massimo della santità.

Requisiti per poter abbracciare la consacrazione radicale

Tendere al massimo della perfezione cristiana; curare una continua formazione mariana (conoscere le principali apparizioni di Maria, la sua vita, le sue virtù); avere un direttore spirituale mariano, alla cui obbedienza ci si sottomette; essere pronto a fare qualunque sacrificio e qualunque rinuncia non appena si capisce che la Madonna lo vuole; essere il primo a mettere in pratica i suoi desideri e i suoi voleri; curare gli esercizi interiori per una completa marianizzazione; frequenza massima ai sacramenti (Messa quotidiana, confessione settimanale), generosità nella preghiera (Rosario intero, orazione mentale, adorazione eucaristica frequente) e nella mortificazione (sotto l'obbedienza del padre spirituale).

Consacrazione semplice e consacrazioni radicali

La consacrazione alla Madonna "è certamente la pratica d'amore più bella e più impegnativa. Proprio per questo non si può farla con leggerezza, senza vera preparazione e molto esercizio. Con la consacrazione si vuole offrire tutto se stesso alla Madonna, dipendendo in tutto e per tutto da Lei. Se è fatta come si deve, la consacrazione comporta l'abbandono totale di sé fra le mani della Madonna. Dal momento della consacrazione, Ella deve entrare nella vita del consacrato, per marianizzarla interamente [...]. Ci sono due specie di consacrazione alla Madonna:

1) La consacrazione *semplice*. Si fa in privato o in qualche pia associazione mariana e comporta una personale dedizione alla Madonna, generosa e fervida nell'apostolato individuale"[1]. Questa consacrazione richiede anzitutto una sincera volontà di tendere alla propria santificazione personale, sforzandosi di vivere lontani dal peccato e di lavorare per l'acquisizione e la crescita nelle virtù; normalmente richiede l'assunzione, da parte del consacrato, di determinati impegni nei confronti di Maria SS.ma, inerenti soprattutto alla preghiera ed alla mortificazione (quali la recita di almeno una corona del santo Rosario al giorno, la partecipazione frequente e possibilmente quotidiana alla santa Messa, la pratica dell'orazione mentale, dell'esame di coscienza, della confessione frequente, etc.). Comporta l'assunzione dello *status* che san Luigi M. Montfort chiama di "*servo*" nei confronti di Maria SS.ma: infatti la si sceglie come Signora da servire, a cui appartenere ed a cui imparare ad obbedire, ma ancora non le si dona proprio tutto se stesso, tutto il proprio tempo, tutti i propri beni materiali, morali e spirituali, presenti, passati e futuri. Le si dona senz'altro

[1] P. STEFANO M. MANELLI, *La devozione alla Madonna*, Frigento 2003[9], 151-152.

se stessi, una parte del proprio tempo, una parte dei propri beni, ma senza radicalizzare i propri impegni, né la volontà stabile ed ordinaria di tenere abitualmente all'eroismo nell'esercizio delle virtù cristiane.

2) La consacrazione *radicale* a Maria, che può assumere fondamentalmente due forme, o forse sarebbe meglio dire due *gradi*: quella della santa schiavitù di amore, insegnata da san Luigi M. Grignion da Montfort oppure il *voto mariano* insegnato da san Massimiliano M. Kolbe. La *santa schiavitù d'amore*, insegnata da san Luigi M. Grignion da Montfort nelle sue principali opere mariane ("Il segreto di Maria" e "Il trattato della vera devozione alla Madonna"), che comporta la spoliazione completa di se stessi e di tutti i propri beni (materiali, morali e spirituali, presenti, passati e futuri, compreso il valore di tutte le proprie opere buone) e la loro offerta integrale alla Madonna, di cui ci si costituisce *schiavi*, avendo la volontà di imparare a compiere ogni cosa per mezzo di Lei, con Lei, in Lei e per Lei. Questa consacrazione, che in teoria potrebbe essere revocata, deve però essere nelle intenzioni *irrevocabile* e comporta il desiderio ancora più profondo ed intenso della santità ed un più generoso impegno (esteriore ed interiore, nell'orazione, nella mortificazione e nella pratica delle virtù) nel servizio di Maria, al fine di servire, in Lei e attraverso di Lei, nostro Signore Gesù Cristo. Questa consacrazione richiede una lunga preparazione *remota*, preceduta normalmente da un congruo periodo di tempo vissuto nella consacrazione semplice, ed una preparazione *prossima* di almeno tre settimane (o anche quattro) di esercizi di preparazione, finalizzati alla formulazione dell'atto di consacrazione monfortano da emettersi preferibilmente in una festa o solennità mariana.
Il *voto mariano*[2], insegnato da san Massimiliano M. Kolbe, è attualmente la massima forma possibile di consacrazione e di appartenenza alla Madonna e costituisce la ragione di essere del novello Istituto Religioso dei Frati e delle Suore Francescane dell'Immacolata, fondato da Padre Stefano Maria Manelli e Padre Gabriele Maria Pellettieri, riconosciuto ed approvato, con diritto pontificio, da Sua Santità Papa Giovanni Paolo II il 1 Gennaio del 1998. La spiritualità francescana e mariana del nuovo Istituto è condivisibile anche dai laici e dalle laiche che entrano a far parte della

---

[2] Sulla teologia e la spiritualità del voto mariano, si vedano le straordinarie considerazioni di P. STEFANO MARIA MANELLI, *Il voto mariano,* Frigento 2008.

M.I.M. (Missione dell'Immacolata Mediatrice) che prevede tre forme di adesione: la consacrazione illimitata all'Immacolata (semplice), il voto mariano di consacrazione all'Immacolata ed il voto mariano unitamente all'adesione ai francescani secolari dell'Immacolata. Con questa forma di appartenenza a Maria si acquisisce lo *status* di "cosa", "proprietà assoluta" e "strumento" nelle mani dell'Immacolata. Essere "cosa", infatti, è ancora più che essere "schiavo": sappiamo infatti che gli schiavi, negli ordinamenti giuridici antichi (per esempio quello romano) erano considerati *come* cose, ma, inevitabilmente, rimanevano uomini e donne, capaci quindi di intendere e di volere e, al limite, di ribellarsi ai padroni (si pensi alla celebre rivolta di Spartaco), o almeno di fuggire dai propri padroni, oppure di chiedere di essere affrancati (acquisendo, nel diritto romano, la condizione di *liberti*) o, nel peggiore dei casi, di uccidere il proprio padrone. Una "*cosa*" vera e propria, invece, non è dotata di libera volontà né di autonomia: è nell'assoluta disponibilità del suo proprietario. Ecco perché san Massimiliano può chiedere alla Madonna di governarlo e possederlo in maniera "dispotica" e "tirannica": "Ci siamo consacrati a Lei *illimitatamente*, perciò non abbiamo diritto né a pensieri, né ad azioni, né a parole nostre. Ella ci governi *dispoticamente*. Si degni di *non rispettare la nostra libera volontà* e, *qualora noi volessimo svincolarci dalla sua mano Immacolata*, *ci costringa*, anche se ci facesse molto e molto soffrire, anche se noi protestassimo e negassimo e pregassimo; non guardi nulla, ma *ci costringa* con la forza e proprio allora ci stringa più fortemente al suo cuore" (SK 373).

Oltre che "*cosa*", con l'emissione del voto mariano si assume la condizione di "*strumento*" nelle mani dell'Immacolata: ed uno strumento può assumere adoperato dal suo padrone, *se* egli vuole, *come* egli vuole, *dove* egli vuole, *quando* egli vuole, *quanto* egli vuole. Qui si coglie la caratteristica dell'*illimitatezza* dell'appartenenza a Maria che le si offre col voto mariano: il consacrato deve essere nelle disposizioni interiori (che devono essere verificate) di non voler porre alcun limite a ciò che Maria vuol fare di lui, compreso il martirio cruento, compresa l'immolazione come vittima per la salvezza del mondo, compresa la disponibilità a recarsi in qualunque parte del globo terrestre (ovviamente per quanto il suo stato di vita lo permetta) come cavaliere dell'Immacolata, per farla conoscere e amare dovunque, compresa comunque la volontà ferma di tendere alla santità con l'esercizio eroico delle virtù, dando all'Immacolata il meglio e il massimo sé sotto tutti i punti di vista, senza alcuna riserva, senza alcuna paura e senza alcuna remora. Si tratta insomma del "*non plus ultra*", almeno fino a quando, come scrive lo stesso san Massimiliano, qualcuno non inventerà qualche forma di appartenenza ancora più radicale a Maria, che comunque viene abbracciata da chi emette il voto mariano già "*a priori*": "Sono belle le espressioni *servo, figlio, schiavo, cosa e proprietà: ma noi vorremmo di più, vorremmo essere suoi senza nessuna limitazione*, allora includendo tutte queste significazioni ed *altre che si inventeranno o potrebbero ancora inventarsi*. In una parola essere di *Essa, 'Immaculatae' [...]*. E se poi altri troveranno delle espressioni che significheranno più ancora una sacrificazione, un'oblazione di se stesso, questi si avvicineranno ancor di più allo spirito della Milizia dell'Immacolata[3]" (SK 508).

[3] La Milizia dell'Immacolata è l'associazione che san Massimiliano fondò, quando era ancora studente, finalizzata a diffondere e far vivere tra i fedeli di tutte le condizioni e stati di vita la consacrazione illimitata all'Immacolata.

CAPITOLO II
LA SANTA SCHIAVITÙ D'AMORE: *"TOTUS TUUS"*

La santa schiavitù d'amore

Abbiamo visto che quando una cosa viene consacrata o una persona *si consacra* a Dio, si determina un mutamento *reale* in essa: dedicata a Dio, può essere utilizzata solo per fini attinenti al suo culto, pena il gravissimo peccato di profanazione. Consacrarsi radicalmente alla Madonna nella forma e nel modo insegnati da san Luigi M. Grignion da Montfort, comporta una donazione *totale, completa e definitiva*, non solo di se stessi e delle proprie cose, ma anche *dell'uso* e della *possibilità di disporre* liberamente di se stessi e dei propri beni, fino a privarsi della possibilità di applicare a se stessi o ad altri perfino il valore *satisfattorio*[4] ed *impetratorio*[5] *dei propri meriti*. Con questa consacrazione, specifica san Luigi Montfort, si dà alla Madonna, tutto, fino al "*non plus ultra*", e cioè: *il proprio corpo*, con tutti i suoi sensi e le sue membra: esse dovranno servire *solo* al servizio di Maria e di Gesù attraverso di Lei; *la propria anima*, con tutte le proprie facoltà, ovvero quelle spirituali (memoria, intelletto e volontà) e tutti i propri sentimenti ed emozioni (amore, desideri, piaceri, gioie, paure, tristezze, ripugnanze, vergogne, etc.): tutto questo deve essere indirizzato al culto ed al servizio di Maria, perché le appartiene; *i propri beni di fortuna* (soldi e beni materiali) presenti e futuri, che devono essere utilizzati in modo da piacere a Maria; *i beni interni e spirituali*, ovvero i meriti, le virtù e tutte le buone opere presenti, passate e future, nel tempo e nell'eternità ed anche tutte le consolazioni, le gioie e i diletti che il Signore normalmente concede a coloro che lo amano. Si chiama "d'amore", perché la privazione della libertà di disporre di sé e dei propri beni che ne consegue è abbracciata liberamente e spontaneamente, semplicemente per affidare a Maria il cammino verso la perfezione della santità cristiana; si chiama "schiavitù" perché fa perdere la libertà e immette sotto il giogo di un padrone (Maria), che, pur essendo il più buono e dolce

---

[4] Il valore *satisfattorio* di una buona opera è il valore ed il merito che essa, davanti a Dio assume, come espiazione dei peccati commessi e già rimessi, con il sacramento della Penitenza, quanto alla colpa.

[5] Il valore *impetratorio* di una buona opera è il valore e la forza che ha, al cospetto di Dio, di meritare da Lui qualche grazia o qualche beneficio che egli elargisce a chi glieli chiede.

dell'universo, è però proprietario di tutto ciò che si è, che si fa e che si ha (ed anche che si sarà, che si farà e che si avrà). Si chiama "santa" perché serve a diventare santi e perché già in se stessa è cosa santa, dal momento che comporta la spoliazione di sé per darsi tutto a Maria, il che è opera sommamente perfetta e grandemente santificante e meritoria.

La differenza tra servo e schiavo

Per far comprendere la radicalità e l'importanza di tale gesto e delle conseguenze che comporta, il Montfort fa il paragone tra lo schiavo e il servo, che è molto simile a quello intercorrente tra consacrazione radicale e consacrazione semplice. Lo schiavo è caratterizzato da cinque qualità: 1) lo schiavo (e tutto ciò che ha e che fa) è proprietà assoluta del padrone, dal momento che questi può disporne come vuole; 2) lo schiavo non percepisce alcun salario e retribuzione; 3) lo schiavo non può "licenziarsi", né può abbandonare il padrone; 4) il padrone ha sullo schiavo un potere assoluto, compreso il diritto di vita e di morte; 5) lo schiavo lavora sempre, non ha orari né scadenza del contratto. Il servo invece: 1) non appartiene al padrone, né lui, né ciò che fa né ciò che è, ma gli presta semplicemente dei servizi; 2) il servo viene regolarmente retribuito; 3) il servo può licenziarsi e cambiare datore di lavoro e ha diritto alla liquidazione; 4) il padrone sui servi non ha alcun potere; è solo il beneficiario dei loro servizi; 5) il servo ha un orario di lavoro ed un contratto che scade.

Similmente, chi si consacra a Maria con la santa schiavitù d'amore si trova in questa situazione: 1) è proprietà della Madonna, lui e tutto ciò che ha e che fa e deve consentire alla Madonna di esercitare questo potere; 2) non si aspetta nulla, né consolazioni né visioni, né gioie, perché ha solo il dovere di lavorare per la Madonna; 3) non può e quindi non deve abbandonare la propria Padrona: se lo fa, si macchia di una grave colpa; 4) la Madonna è arbitra assoluta della vita dei suoi schiavi; 5) il consacrato è obbligato a lavorare per Maria sempre, senza lesinare forze e energie.

Conseguenze e impegni

Ad immagine di quanto avvenuto col Figlio di Dio, che si è incarnato in Maria, la vita di un consacrato nella santa schiavitù d'amore deve progressivamente marianizzarsi totalmente, acquisendo una strettissima dipendenza da Maria, che si esplica sotto le forme dell'obbedienza e della sottomissione (agire *per mezzo* di Maria), dell'imitazione della Madonna (agire *con* Maria), della ricerca dell'unione con la Madonna (vivere *in* Maria), dell'agire ed operare per renderle servizi ricorrendo a Lei in tutte le difficoltà (vivere *per* Maria).

Obblighi: dipendenza attiva e passiva da Maria

La dipendenza da Maria si distingue in *attiva* e *passiva*. La dipendenza *attiva* da Maria, è quella che si realizza con il concorso dello sforzo ascetico e della volontà del consacrato: si tratta di *rinunciare* al diritto di disporre liberamente di quanto Le si è consacrato, e questo in modo sempre più perfetto e totale, dalle grandi attività spirituali (come pregherebbe Maria? Quanto pregherebbe? Quanto vuole che io preghi? Come assisterebbe alla S. Messa? Come si comunicherebbe?) alle più comuni attività materiali (cosa guarderebbe Maria? Come guiderebbe Maria? Quanto mangerebbe Maria? etc.). Occorre gradualmente giungere a non fare *nulla*, nemmeno la più indifferente delle azioni, senza Maria e questo verificando se su questa o su quell'azione, su questo o quel pensiero Maria darebbe il suo beneplacito, sottoscrivendolo con la sua firma.

La dipendenza *passiva* da Maria, invece, si realizza semplicemente lasciando operare la Madonna nella nostra anima, accettando, in anticipo, anche se non le conosciamo, tutte le disposizioni che Ella prenderà per il corpo, per l'anima, per la gestione del tempo, per i beni materiali e per quelli spirituali. Tutti i diritti su queste cose passano irrevocabilmente a Maria.

Conoscenza dei voleri di Maria e prontezza nell'eseguirli

La santa schiavitù d'amore obbliga il consacrato ad approfondire regolarmente la sua formazione mariana, con la lettura delle opere dei santi e dei maestri spirituali mariani, in modo da poter acquisire una sempre maggiore, puntuale e precisa conoscenza dei voleri e del pensiero di Maria, anche ricorrendo ai contenuti di tutte le apparizioni mariane riconosciute dalla Chiesa, sotto l'obbedienza alle indicazioni del padre spirituale (mariano) che accompagna la vita del consacrato. Man mano che i voleri di Maria divengono chiari (dal più semplice, come baciare la terra in segno di penitenza come chiese a Lourdes a santa Bernardette, al più impegnativo come, per esempio, consacrarle interamente la vita nella consacrazione sacerdotale o religiosa), è necessario porre ogni attenzione nel metterli in pratica, perché ciò che per gli altri può essere un desiderio, per uno schiavo, ovviamente, deve valere sempre come ordine: "desiderio della Madonna? È legge, per me!".

CAPITOLO III
AGIRE PER MEZZO DI MARIA

Significato e motivi

Fare tutte le cose *per mezzo di* Maria significa imparare ad agire sempre, dovunque e comunque, qualunque cosa si faccia, si dica o si pensi in unione con le *intenzioni e lo spirito di* Maria, e ciò fondamentalmente per due motivi.

Anzitutto perché il valore di un'azione, davanti a Dio, dipende soprattutto dalle *intenzioni* con cui la si compie; la "purezza di intenzione", infatti, consiste nel fare qualunque cosa solo *per la maggior gloria di Dio* e la salvezza delle anime. Ora, essendo noi figli di Adamo e Eva, cioè inquinati dalla colpa di origine (ed inoltre dalle nostre molte colpe attuali commesse), è *impossibile* (anche ai santi) avere le intenzioni assolutamente pure; di conseguenza il valore delle nostre azioni, agli occhi di Dio, è sempre alquanto modesto o comunque non certamente degno della sua infinità maestà. Non avveniva così per la Madonna, che non faceva nulla, ma proprio assolutamente nulla, anche le azioni più ordinarie e quelle indifferenti (come camminare, lavarsi, vestirsi, etc.), se non in vista non solo della maggior gloria di Dio, ma della *massima* gloria di Dio. Quanto maggiore, dunque, è la nostra unione con le intenzioni di Maria, tanto più meritorie e santificanti diventano tutte le nostre azioni.

Il secondo motivo è che noi non sappiamo dove è la maggior gloria di Dio, mentre Maria sì. In questo modo, unendosi al suo spirito ed alle sue intenzioni, rinunciando al proprio, si consente alla Madonna di prendere possesso del proprio agire e di indirizzarlo almeno alla maggior gloria di Dio, anche se essa rimane sconosciuta e ignota. Anche se ciò non comporta particolari esperienze sensibili, quanto più ci si unisce allo spirito di Maria tanto più si capisce come santificare ogni azione, dove sta la maggior gloria di Dio, *cosa* gli è più gradito, etc.

Dipendenza ed ubbidienza

L'unione con lo spirito e le intenzioni di Maria realizza due effetti fondamentali per l'anima del consacrato nella santa schiavitù: anzitutto la *dipendenza* da Maria, nel senso che si impara gradualmente ad agire *solo* unitamente alle sue intenzioni, diffidando sempre di se stessi e delle proprie[6]; inoltre forma nel consacrato l'abito dell'*ubbidienza*, perché aprire il cuore e la mente allo spirito di Maria consente di capire, gradualmente, i voleri di Maria, che Ella comunica in maniera misteriosa ma reale, vivendo in ubbidienza a Lei, come lo spirito della santa schiavitù d'amore esige.

Esercizio per fare tutte le cose per mezzo di Maria

Prima di *ogni* azione, bisogna rinunciare al proprio spirito, alle proprie idee e alle proprie intenzioni e consegnarsi allo spirito di Maria per essere mossi e guidati secondo il suo volere ed agire secondo le sue intenzioni. Ciò deve essere fatto con un atto cosciente, che può essere anche solo mentale, come uno sguardo interiore e supplice gettato su Maria, oppure, rivolgendosi a Lei, dirle semplicemente: "*rinuncio a me e mi dono tutto a te*". Tanto più frequentemente lo si fa e tante più azioni sono santificate da questo esercizio, quanto prima si raggiunge l'unione profonda con lo spirito di Maria e, quindi, con lo spirito di Gesù.

Gradualmente si comincerà ad agire su impulso di Maria, ossia in maniera conforme ai suoi voleri e con la grazia che Ella stessa ci comunica; Maria comunica al suo consacrato ed al suo agire la forza della sua cooperazione corredentrice, mediatrice e dispensatrice. In altre parole: Maria diventa la causa e il "motore spirituale" della vita e di tutte le azioni, il mezzo di cui ci si serve per fare tutto. Nel corso del tempo, la fedeltà a questo esercizio porterà il consacrato ad una grande docilità ai voleri della Madonna. Scrive san Luigi Montfort: "compiere le azioni per mezzo di Maria significa obbedire in ogni azione e lasciarsi muovere in ogni azione dallo spirito di Maria, che è il santo Spirito di Dio".

[6] Questo non fidarsi di sé, essendo proprio della virtù dell'umiltà, è la base per un vero progresso interiore ed è anche uno dei fondamenti della santa obbedienza.

Principali azioni da compiere per mezzo di Maria

Le prime azioni da imparare a santificare unendosi allo spirito ed alle intenzioni sono, ovviamente, quelle aventi Dio come oggetto, ovvero i sacramenti e la preghiera.

Anzitutto la *santa Messa*: essa va santificata in ogni suo momento: dall'atto penitenziale (in cui ci si deve unire all'umiltà della Madonna per riconoscere il proprio nulla, il proprio peccato ed annichilirsi dinanzi all'infinita Maestà di Dio) al Gloria (la preghiera preferita di Maria); dall'ascolto della Parola (chiedere alla Madonna che continui ad ascoltare in me, che mi illumini con la sua sapienza, che mi aiuti a custodire la Parola e metterla in pratica come Lei faceva, che mi faccia vedere nel sacerdote che me la spiega nient'altro che Gesù) all'offertorio (unirsi alle intenzioni che aveva Maria quando fece l'offerta di Sé a Dio nella sua presentazione al Tempio e quando offrì in sacrificio suo Figlio al Padre quando lo portò per adempiere la legge di Mosè); dalla preghiera eucaristica, soprattutto la consacrazione (in cui Le si chiede di unirci alle intenzioni che aveva ai piedi della croce) alla santa comunione in cui le si chiederà di unirci alle intenzioni che Ella aveva quando Gesù entrò in Lei (nell'Annunciazione) così come ora entra in chi si comunica.

Poi la *confessione*, che si offrirà sempre a Maria ed in cui Le si chiederà anzitutto di renderci partecipi del suo orrore verso i peccati per pentircene profondamente; della sua umiltà per dirli tutti, bene e con viva vergogna, senza giustificarli o minimizzarli; del suo spirito di penitenza per adempiere con diligenza e amore la penitenza sacramentale impostaci e praticare una robusta mortificazione universale per espiare le nostre colpe, purificarci dalle loro scorie, eliminarne le conseguenze. Ci si deve inoltre unire a Maria prima di fare l'esame di coscienza, che va fatto *almeno* una volta al giorno prima di coricarsi, per ricevere da Lei la luce interiore necessaria a discernere le nostre mancanze.

Massimamente importante è l'unione con Lei durante la *meditazione* (o orazione mentale) e chiederle che sia Lei a farla in noi, anzitutto unendoci al suo intelletto perché possiamo comprendere cosa Dio dice e vuole; poi col suo Cuore, per effondergli gli affetti nel colloquio; infine con la sua volontà, per formulare e mettere in pratica dei buoni, concreti e robusti propositi.

Nell'*adorazione eucaristica*, in cui Ella sempre è presente, per chiederle di adorare Gesù attraverso di noi e di farcelo adorare per mezzo di Lei e, se vuole, di renderci partecipi della sua fiamma viva d'amore al Cuore di Gesù eucaristico e dei suoi inenarrabili trasporti eucaristici.

Nel *santo Rosario*, per chiederle di aiutarci a contemplare Lei, Gesù ed i Loro misteri attraverso i Suoi occhi ed il Suo Cuore, aiutandoci a mettere in fuga le distrazioni e innamorandoci di ciò che contempliamo.

Nell'*ufficio divino* (per chi lo recita), perché sia Lei a rendere, attraverso chi proclama o canta inni, salmi e cantici spirituali, degna lode alla Santissima Trinità.

Nell'esercizio dell'*orazione continua*, perché il suo ininterrotto canto d'amore a Dio prosegua, attraverso di noi, anche sulla terra.

Tutte le cose per mezzo di Maria

Oltre alle azioni propriamente già sacre in se stesse, si devono santificare, unendosi a Maria, al suo spirito ed alle sue intenzioni, anche tutte le altre azioni che si possono compiere. Anzitutto gli atti di virtù e quelli inerenti l'esercizio dei doveri di stato, affinché possano essere compiuti nel miglior modo possibile e con le migliori intenzioni possibili: il lavoro professionale e casalingo, i doveri e gli atti sacerdotali, le azioni e le occupazioni che si svolgono nella vita consacrata. Poi le scelte e le decisioni importanti: prima di un importante colloquio o incontro, prima di cominciare il colloquio col direttore spirituale, dovrò imparare ad unirmi alle intenzioni e allo spirito di Maria. Si deve giungere a non fare *nulla*, nemmeno le azioni indifferenti (come passeggiare e lavarsi) senza essere uniti a Maria; ma è fondamentale imparare a marianizzare anche le azioni comuni e ordinarie in cui è possibile o addirittura facile peccare (come mangiare, bere, dormire e ricrearsi), sapendo che anche queste possono, anzi debbono essere compiute con l'intenzione di piacere a Dio solo. Per esempio, perché mangio? Mangio per vivere (quanto è necessario, anche ciò che non mi piace, anche cibi semplici o grossolani) oppure vivo per mangiare? Sicuramente Maria solo per il primo motivo. Perché dormo? Perché il riposo è indispensabile per ricuperare le forze per meglio servire Dio e il prossimo, oppure concedendo molto all'ozio ed alla vita comoda, dormendo più del necessario? Sicuramente Maria non dormiva più dello strettamente necessario e sicuramente, come ci informano tanti santi e mistici, passava frequentemente anche notti intere o vigilie in preghiera. Più azioni si riusciranno a compiere uniti allo spirito e alle intenzioni di Maria, più si imparerà a non far assolutamente nulla da soli (fidandosi del proprio spirito e delle proprie intenzioni), più santi si diventerà e molto rapidamente. Dunque quanti più atti di rinuncia a sé stesso e di unione a Maria si compiranno, tanto più in fretta e speditamente si procederà nel cammino verso la santità.

CAPITOLO IV
AGIRE CON MARIA

Significato e motivi

Fare tutte le cose *con* Maria significa imparare ad agire sempre, dovunque e comunque, qualunque cosa si faccia, si dica o si pensi prendendo Maria santissima come modello, ovvero ponendosi anzitutto alcune domande ben precise.

Anzitutto *se* Maria compirebbe quell'azione che voglio fare. Imparando a farsi spesso questa domanda, si eviterebbero facilmente moltissimi peccati e imperfezioni. Se infatti sto facendo una cosa che Maria santissima non sottoscriverebbe e scelgo di farla ugualmente, sto agendo *senza* di Lei e senza la sua approvazione. Il che significa che quasi sicuramente sto commettendo una colpa, o almeno un'imperfezione o quanto meno una cosa inopportuna oppure un errore: quest'azione, dunque, non mi fa crescere affatto nella grazia e nella santità. Non bisogna pertanto mai agire *senza* Maria o, peggio, *contro* Maria, cioè con la piena coscienza di fare una cosa che a Lei non piace.

Cosa farebbe Maria al posto mio. Questa domanda è decisiva nelle circostanze in cui non si sa cosa fare o come agire in concreto. Nei dubbi e nelle incapacità di decidere, nelle piccole come nelle grandi scelte, il consacrato a Maria, che Le appartiene e che desidera spendersi per la sua gloria deve chiedere consiglio a sua Madre, deve sforzarsi, per quanto può, di agire come agirebbe la sua Regina, di fare quel che Le è gradito. Alcune domande generali ma molto importanti su cui riflettere ed a cui cercare di rispondere: cosa faceva Maria del suo tempo? In base a quali criteri generali orientava tutte le sue azioni? Cosa la muoveva ad agire? Quali erano i motivi profondi del suo agire?

Come Maria farebbe questa cosa. Sant'Alfonso insegnava che non basta *fare il* bene, ma bisogna *farlo* bene. Una cosa può essere necessario, o opportuno o giusto farla, ma bisogna anche vedere *come* la si fa: un conto, per esempio, è dare un'elemosina con mal garbo, un conto darla con un sorriso. Maria santissima rivelò alla venerabile Maria d'Agreda che Ella non faceva *mai nulla* senza chiedersi se ciò sarebbe stato gradito all'Altissimo e senza studiare il *modo* con cui dargli la massima gloria possibile. Per esempio, quand'era da sant'Elisabetta a servirla, cercava di compiere le mansioni più umili, tipo spazzare la casa; e chiedeva a sant'Elisabetta (che voleva impedirla) se le desse il comando di farlo per obbedienza, perché fare una cosa sotto comando altrui è cosa più meritoria e che procura maggior gloria a Dio piuttosto che farla di propria volontà. Si possono fare altri esempi e quindi porse ulteriori domande: come pregava Maria? Come mangiava Maria? Come parlava? Come camminava? Come vestiva? Come svolgeva le sue occupazioni?

Cosa *preferirebbe* Maria che io facessi. Sappiamo che la vera libertà (quella dei figli di Dio, di cui parla san Paolo[7] o quella che viene dalla conoscenza della verità di cui parla Gesù nel Vangelo di Giovanni[8]) non consiste nello scegliere tra il bene e il male, ma nello scegliere tra più beni possibili. Dunque anche nell'ambito del bene c'è una scala gerarchica, c'è una gradazione: c'è infatti il lecito e c'è il buono, c'è il buono ed il migliore, c'è il migliore e l'ottimo. Sempre nell'ambito del lecito, inoltre, può accadere che ogni cosa, pur essendo lecita, sia anche *conveniente*, nel senso che pur non essendoci in essa niente di male, potrebbe tuttavia scandalizzare gli altri[9]; una cosa può essere lecita, ma può non apportare nessun bene notevole all'anima (per esempio: vedere un film pulito e sano, ma leggero, porta come unico bene un poco di umano "*relax*", ma niente di più); una cosa può essere buona, ma altre possono essere migliori; ed esistono le cose ottime. Ora, la tensione di una persona che si è consacrata *radicalmente* a Maria è puntare non alla mediocrità o alla stentata sufficienza, ma all'ottimo: e a ciò non arriverà senza una grande generosità ed un grande aiuto della grazia, che la celeste Regina di certo non farà mancare a chi davvero la desidera e umilmente la chiede, essendo deciso a fare contenta in tutto e quanto più possibile la sua celeste Padrona.

[7]Gal 5,13-14: "Voi infatti, fratelli, siete stati chiamati a libertà. Purché questa libertà non divenga un pretesto per vivere secondo la carne, ma mediante la carità siate a servizio gli uni degli altri. Tutta la legge infatti trova la sua pienezza in un solo precetto: amerai il prossimo tuo come te stesso".

[8] Gv 8,31-32: "Se rimanete fedeli alla mia parola, sarete davvero miei discepoli; conoscerete la verità e la verità vi farà liberi".

[9] Per fare un esempio: si pensi ad un uomo sposato che, da solo, prende un caffè con una donna molto avvenente, senza tuttavia avere alcuna cattiva intenzione.

Mezzi per poter praticare questo esercizio

A questo punto può sorgere spontanea una domanda: come si fa a sapere cosa farebbe Maria in questa circostanza, come agirebbe, se farebbe o no questa tal cosa, cosa preferirebbe che si facesse? La domanda è senz'altro pertinente e ad essa si risponde semplicemente indicando i mezzi che ci aiutano a *conoscere* il pensiero di Maria, la *vita* di Maria e *le virtù* praticate dalla Madonna. Essi sono: la *continua formazione mariana*; la *conoscenza* delle principali apparizioni e rivelazioni mariane, soprattutto di quelle approvate dalla Chiesa; la *meditazione e contemplazione* di Maria e dei suoi misteri, specialmente i misteri gaudiosi del santo Rosario; la sincerità e l'obbedienza nella *direzione spirituale*; la *preghiera* rivolta alla Madonna che ci illumini su quello che vuole; la *familiarità e il dialogo continuo con Maria.*

Per quanto concerne la *formazione mariana continua*, è necessario leggere il più possibile libri di autori provati che parlino della Madonna e delle sue grandezze. Si possono citare a titolo esemplificativo: le opere mariane di san Luigi Maria da Montfort (specialmente *il Trattato della vera Devozione, il Segreto di Maria e il mistero meraviglioso del santo Rosario*), le *Glorie di Maria* di sant'Alfonso Maria de Liguori, l'*Imitazione di Maria* di Tommaso da Kempis, gli scritti del Beato Alano della Rupe, gli scritti mariani di Maria Valtorta, la *Mistica Città di Dio* di Maria d'Agreda, *La Madre mia* di Giuseppe Schrivers, *Il mio ideale* di P. Emilio Neubert, *Maria vita dell'anima* di P. S. M. Ragazzini, le omelie sulla Madonna di san Bernardo da Chiaravalle, gli scritti di san Massimiliano Maria Kolbe, le opere sulla Madonna di P. Stefano Maria Manelli, la buona stampa mariana (per esempio *il Settimanale di P. Pio* o *Missio Immaculatae International*, entrambe curate dai Francescani dell'Immacolata). Queste fonti ci danno una descrizione davvero grandiosa della nostra Madre celeste. Per esempio, san Luigi M. da Montfort enumera le dieci virtù principali della Madonna che sono: umiltà profonda, carità ardente, purezza divina, sapienza divina, dolcezza angelica, pazienza eroica, mortificazione universale, obbedienza cieca, fede viva e preghiera continua. Le mariologie vive (della Valtorta[10] o della D'Agreda) ci fanno vedere queste virtù in atto, descrivendo alcune azioni della Madonna; il testo del Padre Ragazzini mostra come la Madonna guida tutto il progresso ascetico e spirituale dell'anima a Lei consacrata, portando le testimonianze vive di tutti i santi che a Lei si sono consacrati

[10] Cf GABRIELE M. ROSCHINI, *La Madonna negli scritti di Maria Valtorta,* Isola Liri 1996².

e le testimonianze dei migliori maestri di spirito. Altre fonti interessanti ed importanti saranno citate nell'ultimo capitolo.

È necessario ed utile anche conoscere *le principali apparizioni mariane*, soprattutto quelle approvate dalla Chiesa. Recentemente la Madonna ha parlato all'umanità in molti modi ed in diverse forme, perché stiamo vivendo nei "suoi" tempi. Queste apparizioni sono fondamentali per comprendere *cosa* Maria *vuole* dagli uomini e dalle donne *del nostro tempo* ed è inconcepibile o quanto meno assai strano che un suo consacrato non sia esemplare nell'obbedire ai suoi ordini. Almeno Rue De Bac (medaglia miracolosa), La Salette, Lourdes e Fatima tra le apparizioni riconosciute e Le Tre Fontane e Medjugorje tra quelle non riconosciute (salva sempre l'obbedienza alla Chiesa qualora ne escludesse il carattere soprannaturale) dovrebbero essere scolpite nei nostri cuori e nelle nostre menti.

Niente può comunque sostituire l'assidua *meditazione e contemplazione dei misteri della vita di Maria*, in cui la nostra mente, aiutata dallo Spirito Santo, Sposo di Maria ed Unico che può introdurci nella conoscenza sapienziale di Lei, penetra a poco a poco gli incanti di questa sublime Creatura. Soprattutto i misteri gaudiosi del Rosario sono un campo mai sufficientemente esplorato a cui attingere per comprendere il pensiero e le virtù di Maria, quello che Lei faceva e gradisce e quello che Lei aborriva e non vuole dai suoi figli. Lo Spirito Santo ci aiuti davvero a valorizzare al massimo questo tesoro.

Come insegna san Massimiliano M. Kolbe, l'ubbidienza ai superiori è la via più certa per conoscere la volontà dell'Immacolata. Anche per chi non vive nello stato di religioso o religiosa, ma ha comunque una guida spirituale mariana, con cui apre sinceramente il cuore, a cui espone i propri dubbi o i propri desideri e ai cui prudenti consigli ed indicazioni docilmente si rimette, il confronto sincero e l'ubbidienza nella direzione spirituale è un mezzo privilegiato per conoscere i voleri della Madonna nella situazione concreta di vita in cui ci si trova ad essere ed operare.

Molto importante è anche *pregare Maria* con fiducia e con insistenza. Nei dubbi è quanto mai opportuno rivolgersi semplicemente a Maria per chiederle aiuto, abituarsi a chiederle anche solo mentalmente cosa farebbe nella situazione in cui ci si trova, come compirebbe questa determinata cosa, se è opportuno o no dare seguito alle idee o ai progetti che si hanno in mente, o infine che cosa preferirebbe che si facesse in queste circostanze concrete.

Tutti i maestri di spiritualità mariana raccomandano infine di intrattenere un tenero, filiale e continuo *dialogo con Maria*. La preghiera risulterà molto più facile se si è acquisita l'abitudine di rivolgersi abitualmente a nostra Madre, in un colloquio che pur non potendo essere ininterrotto (a causa delle quotidiane occupazioni) deve tuttavia essere sempre agevole e scorrere quasi naturale e spontaneo. Occorre, per un consacrato a Maria, imparare a vivere alla sua presenza: l'esercizio della presenza di Dio, infatti, (raccomandato da tutti i maestri di spirito), per un consacrato alla Madonna trova nello stare alla presenza di Maria il punto di riferimento immediato e primario: sapere che Ella c'è, che è sempre al fianco dei suoi consacrati, li vede, li ascolta, li segue in ogni passo, prega per loro, desidera guidarli in tutto, santificarli quanto più è possibile e farlo con la sua dolcezza unita alla fermezza, con la sua pazienza unita alla dolce insistenza nello spronare, nel correggere, nello spingere sempre più avanti nelle vie della santità. Basterebbe sforzarsi e allenarsi bene in questo esercizio, per fare grande progressi in poco tempo. È evidente che per raggiungere questo traguardo è necessario lo sforzo ascetico, l'impegno diuturno e continuo, la perseveranza: ma a chi questo vuole, sicuramente Dio non tarderà a concederlo.

CAPITOLO V
AGIRE IN MARIA

Significato e motivi

Fare tutte le cose *in* Maria è la più sublime ma anche la più difficile (ed in parte *non* del tutto dipendente da noi) pratica interiore richiesta dalla consacrazione radicale alla Madonna. Per agire *in* Maria, infatti, si richiede l'essere entrati nel suo mondo, nella sua persona, nel suo mistero; Ella però è, per volontà di Dio, un "giardino chiuso", una "fontana sigillata", ovvero una Creatura talmente bella e pura che Dio l'ha creata per Sé solo ed in cui ha libero accesso solo lo Spirito Santo e coloro ai quali la Terza Persona Divina apre la porta. Ne segue che non si può entrare in Maria senza che Dio lo consenta e che questa è una grazia rara e straordinaria che Dio concede a chi vuole, ma a cui, per quanto sta in noi, bisogna disporsi con la propria fedeltà, con la continua supplica a Dio di farci entrare in Maria e di aprircene le porte, con la pratica della mortificazione universale, con la continua ed assidua formazione mariana, che ci consenta, anche se non entriamo *in* Maria per via di esperienza, di comprendere come Lei è, come è il suo mondo, come è il suo interno, onde poter almeno, riempire la nostra mente ed il nostro cuore di Lei, per cui anche se non si dimora proprio al suo interno vivendi e "respirando" i Suoi divini profumi, almeno possiamo far entrare in noi una sua fedele immagine, un suo ricordo continuo, come una scia di cielo che profumi le nostre anime e ci immerga nelle Sue eccelse grandezze. Vivere in Maria significa raggiungere *l'unione abituale* con la Madonna e quindi, progressivamente, marianizzarsi in tutto, assumere i suoi tratti, il suo stile, il suo modo di essere, di pensare e di operare.

> "La formula '*in Maria*' è la più sublime di tutte e tende a trasfondere nella nostra vita la vita di Maria, a rendere palpitante la *presenza* di Maria nell'anima, trasportandola nel mistico Paradiso di Dio. Vivere *in* Maria comporta un soggiorno ed un'intimità di unione che va fino all'unità, con lo '*entrare e dimorare*' nell'interiore di Maria, nella sua volontà e nei suoi sentimenti. Per la mia dipendenza da Lei, per l'influenza della sua azione che tutta mi avvolge, Maria diviene come la mia atmosfera, il mio mondo, il luogo dove vivo e respiro, o, se questa disposizione diviene abituale nell'anima, il luogo dove dimoro. Così si diventa una cosa sola con la Vergine: '*Lei in me ed*

io in Lei'. I due termini, correlativi, si compenetrano e si completano. La vita dell'anima sarà tanto più viva e santa quanto più nell'anima si farà sentire la presenza di Maria; e l'anima vivrà in Maria proporzionalmente alla esperienza che farà della sua presenza materna"[11].
"Fare tutto in Maria, cioè prendere a poco a poco l'abitudine del raccoglimento in se stessi, per formarsi una piccola idea di Maria... Ella sarà all'anima il suo unico tutto presso il Signore e il suo ricorso universale"[12].

San Luigi Maria Montfort chiama Maria "*forma Dei*" (forma di Dio), o "stampo" affermando che chi *si getta in Maria*, entra *in* Maria è come se si gettasse in uno stampo che è capace di trasformare un semplice uomo o una semplice donna in un essere divino, ovvero in un santo. Come mai succede questo? Semplicemente perché il Figlio di Dio volle utilizzare Maria come "stampo" per diventare uomo: entrando in Lei come Dio, il Figlio ne uscì come "Uomo-Dio", la cui Umanità fu interamente plasmata dal grembo e nel grembo della Vergine. L'uomo deve fare il percorso contrario: entra in Maria come uomo, si getta in Lei fino a perdersi totalmente e ne esce divinizzato e santificato. Ci sono però due condizioni: mortificazione universale, perché gli stampi possono modellare solo i metalli fusi: si richiede pertanto da noi una pratica continua della penitenza, sacramentale e morale, un continuo lavoro ascetico e di lotta per vincere i nostri difetti ed acquistare le virtù. La seconda è l'avere accesso a questo stampo e questo è una conseguenza della nostra umile richiesta di questa grazia a Dio e a Maria tramite continui atti di offerta della propria vita a Maria e supplica a Dio che si degni di gettarci in quello stampo.

La persona, lo stile e le virtù della Madonna diedero e danno vita ad un mondo totalmente divinizzato e divino: come ci informa la venerabile Maria di Gesù d'Agreda, Maria diceva di se stessa che Ella mai faceva un benché minimo atto senza essersi chiesta se quell'atto dava gloria a Dio, compiendolo alla sua presenza e studiando il modo di compierlo per dare a Dio la massima gloria possibile.

L'*unione ordinaria* con Maria fa sì che Maria "scenda" a vivere, o meglio continui a vivere e a servire Dio nelle nostre anime ed attraverso le nostre persone, ed al tempo stesso noi veniamo accolti in quel modo di essere, di pensare, di parlare e di operare, fino al massimo grado possibile, cioè, come insegnava san Massimiliano M. Kolbe, fino a divenire un'altra "Maria vivente, parlante e operante" (SK 486) e che

[11] S.M. RAGAZZINI, *Maria vita dell'anima*, Frigento 1984, p. 256.
[12] SAN LUIGI MARIA GRIGNION DA MONTFORT, *Il segreto di Maria,* n. 49.

altrove san Massimiliano definisce *transustanziazione* in Maria (cf SK 508): cioè, come dopo le parole della consacrazione pronunciate dal sacerdote, l'ostia (che io continuo a vedere con le sue fattezze sensibili) non è più pane ma Gesù vivente, così l'anima consacrata a Maria in maniera radicale e illimitata, che fa tutti gli sforzi possibili per vivere in Maria e far vivere Maria in lei, conserva le sue fattezze esteriori e sensibili (l'aspetto, il timbro della voce, il temperamento) ma diventa *realmente* un'altra Maria vivente, parlante e operante. Questo si realizza a due livelli: *Immacolatezza* nell'essere: l'anima si purifica sempre più attraverso la penitenza, la mortificazione e l'imitazione di Maria fino a diventare sempre più simile all'Immacolata; *Illimitatezza* nell'agire: l'anima dà carta bianca a Maria, senza porre alcun limite, perché in lei si compia in tutto e per tutto la volontà di Dio e Maria faccia di lei assolutamente quello che vuole.

Come arrivare a questa unione con la Madonna? Le indicazioni dei santi (soprattutto del Montfort) sono molto semplici: anzitutto occorre una preghiera continua (ed una richiesta incessante allo Spirito Santo di concedere questa grazia) ed inoltre la pratica della mortificazione universale (sempre più profonda e sempre più diffusa, dei sensi e delle passioni).

La vita di unione con Maria può conoscere fondamentalmente due livelli o gradi: quello ordinario, che è conseguibile attraverso un profondo impegno ascetico; e quello straordinario, consistente nell'unione mistica con la Madonna. Vedremo ora brevemente queste due fasi della vita di unione con la Madonna.

L'unione ordinaria con Maria

Richiede la nostra collaborazione da esercitare soprattutto, come abbiamo più volte notato, attraverso due mezzi: la preghiera mariana e la preghiera allo Spirito Santo e a Maria perché si degnino di farci entrare in Maria e di farla vivere in noi; la pratica della mortificazione universale. Ecco alcune testimonianze di santi.

> "Lo confesso pubblicamente, in faccia al mondo… tutto devo alla Vergine SS.ma… Quantunque tendessi alla perfezione, alla osservanza e alla pratica delle virtù, quando mi consacrai alla Madonna ero ancora lontana da Dio, piena di difetti, come tronco selvatico che sta senza frutti. Ma, non appena si instaurò nella mia anima la vita mariana, questo tronco si sviluppò con rapidità

sorprendente. Benedetto sia Iddio che accolse la *mia preghiera* e mi concesse una perfetta consacrazione a Maria" (Serva di Dio Suor Angela Sorazu, 1873-1921, Clarissa francescana dell'Immacolata Concezione).

"Preghiamo bene, facciamo spesso *preghiere orali e mentali* e sperimenteremo quanto l'Immacolata penetrerà sempre più la nostra anima, quanto diverremo suoi ogni giorno più perfettamente sotto ogni aspetto, quanto le nostre colpe diverranno sempre meno numerose e le cattive passioni sempre meno forti, quanto a poco a poco ma efficacemente ci avvicineremo a Dio"... "Con l'aiuto dell'Immacolata vincerai te stesso: sacrifica tutto te stesso e la vita per mezzo dell'Immacolata. Tutto puoi su te stesso e sugli altri per mezzo di Essa. Soffri, prega e lavora per Lei. Ella si prenderà cura di te" (San Massimiliano Maria Kolbe, 1894-1941).

"La Madre di Dio mi dava istruzioni relative ad una più perfetta purezza, ad uno spogliamento più completo, alla morte a tutte le creature. Mi spingeva alla mortificazione e al santo odio di del mio proprio io, a spogliarmi di tutto l'amor proprio, a non avere per me alcuna indulgenza, alcuna attenzione, a non far alcun caso della mia persona, a riconoscermi indegna, e a considerarmi la più ripugnante, scegliendo l'ultimo posto. Chi si affida alle mie cure spirituali io lo colloco *nel* grembo di Maria, affinché, nel suo seno, possa nutrirsi dello spirito divino di umiltà, di solitudine, di purezza, di spogliamento e di mortificazione, delle quali cose Ella possiede la pienezza" (Serva di Dio Maria di S. Teresa, carmelitana, 1623-1677).

"Tieni fissi gli occhi in Maria. Fai qualche sacrificio di qualche oggetto pericoloso o vano, offrendolo a Lei; astieniti per amore suo da alcuni divertimenti, compagni e passatempi che per lo meno sono pericolosi e incentivi al male e quando ti sentirai ispirato da Lei a fare o sacrificare qualcosa, fallo subito, di buon animo, con cuore grande e non dubitare che Maria non si farà vincere in cortesia" (San Gabriele dell'Addolorata, 1838-1862).

L'unione straordinaria (mistica) con Maria

Le fasi della vita mistica sono quelle in cui la mano di Dio, su un'anima che ha già fatto un lungo cammino di purificazione mediante la preghiera, l'ascesi e la penitenza, comincia ad operare un'ulteriore purificazione finalizzata alla vita di unione soprannaturale con Lui, senza che l'anima vi concorra. Si tratta della purificazione *passiva* (o notte oscura) dei sensi e dello spirito, a cui seguono l'unione soprannaturale con Dio, il fidanzamento spirituale e il matrimonio mistico. Anche queste tappe avvengono con la mediazione di Maria e l'unione con Dio trova in quella con Maria un canale privilegiato, soave e rapido. Ecco alcune ulteriori testimonianze.

> "L'amabile Madre mi ispira e desidera da me che prima di mangiare, io prenda i cibi e le bevande e le presenti a Lei, affinché, santificati dalla sua benedizione, nutrano il corpo purificandolo da tutte le tendenze malvagie. Sento la sua direzione: mi infonde scienza e luce per meglio conoscere e praticare le virtù. Quando mi capita per ignoranza di fare qualcosa contraria alla perfezione, subito mi induce a correggermi. Come pure quando la mia anima si macchia per aver considerato le creature al di fuori di Dio, Ella mi insegna a purificare la mia in Dio, a separarla da tutto ciò che non è Lui" (Serva di Dio Maria di santa Teresa, terziaria carmelitana, 1623-1677).
>
> "Spogliati di tutto, staccati da tutto e leva via te da te stessa; ma questo lo faro Io in te e con te e tutto lo farò per mezzo del mio Cuore nel tuo cuore e opererò in Te tanto e tanto e per mezzo delle mie opere infonderò nell'anima tua tutto il perfetto, cosicché, per mezzo mio, ti adopererai a levare tutto l'imperfetto e ciò sarà per mezzo delle virtù, soprattutto dell'umiltà, della carità e dell'ubbidienza. Io sarò la tua guida e la tua maestra" (S. Veronica Giuliani, Clarissa Cappuccina, 1660-1727).
>
> "Se nella mia vita spirituale non fosse intervenuta Maria, ora continuerei ad essere tiepida, ancora nel deserto della vita spirituale. Non sarei stata purificata e ancor meno sarei entrata nell'intimità divina, come molte anime che, abbagliate dai primi albori della contemplazione, per godere le delizie di nostro Signore trascurano la vita mariana e così, al momento della prova della purificazione passiva, si abbandonano alla disperazione... Tutto questo perché non si fondarono sulla Madonna, rifiutando la vita di unione con Lei, convinte

di poter puntare direttamente su Gesù Cristo. Poverette! Ripeto che devo alla protezione della Madonna le energie di cui disposi nel periodo della purificazione per correggere i miei difetti, per vincere e ordinare a Dio le mie passioni, per vincere il maligno sopportandone le dolorose influenze e meritare l'abbraccio divino" (Serva di Dio Suor Angela Sorazu).

"Soffri in silenzio e con amore perché tutto viene dal Padre per le mani dell'Immacolata: mortifica tutte le tue passioni per mezzo di Lei, lasciati condurre da Lei, ricorri a Lei... Più perfettamente ti possederà, più liberamente ti potrà dirigere; più saranno le difficoltà, più tangibile sentirai il suo intervento" (San Massimiliano Maria Kolbe).

CAPITOLO VI
AGIRE PER MARIA

Significato e motivi

Ogni nostra azione, di qualunque tipo essa sia, è *sempre* caratterizzata da *tre elementi*: l'*atto* che sto compiendo (che può essere materiale: una parola, un gesto, un'azione, un comportamento; oppure spirituale: un pensiero), *l'intenzione* con cui lo sto compiendo (cioè *perché* sto facendo quella data cosa e *per chi*), le circostanze dell'azione (ovvero *come* sto facendo una cosa, *quando* la sto facendo, *dove* la sto facendo, *quali mezzi* sto adoperando). La bontà o la cattiveria di un atto dipende dall'insieme di queste tre cose, che vanno considerate congiuntamente: l'azione (o *materia* dell'atto), il fine e le circostanze. L'azione è virtuosa solo se tutte e tre le cose sono buone. Facciamo qualche esempio facile: la preghiera. La preghiera, in se stessa, è una cosa buona (quindi la *materia* è sempre buona); però se prego *per* farmi vedere o solo se e quando mi va e ci provo gusto, l'intenzione non è buona perché sto pregando per vanità (nel primo caso) e non per la gloria di Dio oppure (secondo caso) per dare gusto e soddisfazione a me stesso e non perché la preghiera è necessaria e voluta da Dio (quindi il fine è il mio gusto, non il servizio di Dio). In questo caso l'azione, che sarebbe buona, diventa cattiva (lo dice anche Gesù nel Vangelo quando, nel capitolo sesto del Vangelo di Matteo, parla di coloro che pregano stando ritti nelle sinagoghe e nelle piazze). Tuttavia, anche qualora l'intenzione fosse buona, se prego quando dovrei studiare o lavorare (*quando* prego?) e per questo trascuro i miei doveri, l'azione, pur essendo in se stessa buona, diventa cattiva (per la circostanza di tempo); se per avere tempo di pregare dico una bugia (p.e. che vado al cinema e invece vado in Chiesa), sto usando un mezzo cattivo per una cosa buona, e anche questo non va bene; se prego in maniera distratta, pensando ad altro, non pronunciando bene le parole, oppure andando qua e là con lo sguardo, senza stare in ginocchio o comunque composto nel corpo (senza muoversi disordinatamente, grattarsi, etc.) sto nuovamente peccando mentre prego (infatti mi devo chiedere: *come* sto pregando?). Dunque perché un'azione sia gradita a Dio, non basta che sia buona; ma deve essere anche compiuta con la *rettitudine di intenzione* ed anche a tempo, a modo, a luogo e adoperando mezzi buoni. Gli esempi, come si comprende, si potrebbero moltiplicare a dismisura, ma questo basti per comprendere ciò di cui ci accingiamo a parlare.

La rettitudine di intenzione

La rettitudine di intenzione consente di indirizzare a Dio tutte le cose che facciamo, ovvero farle *per Lui* e per *dare gloria* a Lui. È per questo che è così importante imparare ad offrire a Dio tutto. Questo aspetto è talmente gradito al Signore, che Lui gradisce molto di più un'azione piccola, che sia fatta però solo per amore suo e per piacere a Lui, che non un'azione grande che sia fatta con altre intenzioni, oppure con l'intenzione di piacere a Lui ma anche però per conseguire dei vantaggi, dei beni, etc. È dunque meglio, tanto per fare un esempio, spazzare la casa (quando non se ne ha voglia) solo per amore di Dio (offrendogli quell'azione, sapendo che Egli si compiace dell'ordine, della pulizia e del decoro, e che è doveroso tenere in modo dignitoso i luoghi in cui si vive) che fare un digiuno avendo (insieme all'intenzione di dar gloria a Dio e di espiare i peccati) anche un certo piacere perché digiunando si mantiene anche" la linea" e se magari qualcuno venisse a sapere o scoprisse il digiuno potrebbe pensare di trovarsi dinanzi a un santo[13].

Anche le azioni più comuni e indifferenti (come lavarsi, spicciare la casa, tenere in ordine la stanza, mangiare, bere e dormire) possono e devono essere santificate dalla rettitudine di intenzione: perché mangio? Perché devo mantenermi in vita ed in buona salute fino a quando Dio vorrà conservarmela per poterlo amare e servire al meglio possibile. Evidentemente, se mangio *per questo motivo* (e non per gola, per ingordigia, o per ghiottoneria), mangerò il necessario (e non troppo), mi accontenterò anche di cibi alla buona (senza fare troppo lo schifiltoso), magari mangerò anche quello che non mi piace troppo (purché sia nutriente), saprò fare qualche mortificazione mentre mangio per offrire a Dio un piccolo fioretto (e questo riuscirò a farlo, se mi ricordo che sto mangiando per Lui) e, se la salute e il direttore spirituale me lo consentono, saprò anche offrire a Dio qualche digiuno. Perché dormo? Dormo perché Dio che ha creato il mio corpo, ha disposto che esso avesse bisogno di un tempo di riposo per *ricuperare* bene le forze ed essere così pronto al suo servizio,

---

[13] Con ciò non si vuole certo affermare che bisogna astenersi dalle opere virtuose e impegnative per timore di cadere nella superbia. I santi hanno sempre insegnato il contrario, cioè che il timore di cadere in superbia (che è sempre in se stesso salutare) non deve però costituire una remora nell'intraprendere iniziative (anche grandi) per la gloria di Dio.

attento nella preghiera, in forma per compiere tutti i propri doveri. Se dormo per Dio, dunque, non dormirò né troppo né troppo poco, dandomi un tempo adeguato alla mia età (e consigliandomi con il padre spirituale) per dormire; se qualche volta ci sarà da fare qualche piccola veglia, la farò volentieri; la mattina quando suona la sveglia non starò a rigirarmi prima di decidermi a tirarmi su; se vado in un albergo dove non c'è il materasso ortopedico che ho in casa, ma qualcosa di un po' più alla buona, offrirò volentieri a Dio questo piccolo sacrificio; e così via.

Maria e la rettitudine di intenzione

Maria è l'unica creatura che non solo faceva *sempre* e *solo* ciò che a Dio era gradito e nel *modo* che Gli era più gradito, ma era capace in ogni cosa che faceva di *compierla* con l'intenzione di piacere a Dio solo e di dare a Lui la massima gloria possibile: aveva pertanto sempre ed in ogni momento una perfetta rettitudine di intenzione. Per questo, insegna san Luigi Montfort, anche un punto d'ago operato da Maria dava a Dio più gloria che centinaia di anni di penitenze estenuanti fatte dai più grandi asceti.

Abbiamo visto che nell'esercizio del fare tutte le cose per mezzo di Maria, si rinuncia alle proprie intenzioni per unirsi a quelle di Maria; in quest'ultimo esercizio, invece, è chiamata in causa la nostra sfera cosciente: dobbiamo cioè imparare *coscientemente* a praticare e vivere la rettitudine di intenzione in tutte le cose che facciamo, ovvero chiederci sempre *per chi* e *perché* sto facendo questa o quella cosa, e correggere eventuali difetti che troviamo in essa per indirizzare tutte le cose alla gloria di Dio, in maniera esplicita e cosciente, ovvero, per esempio, ripetendo: "faccio questo, mio Dio, per te, per la tua gloria e per farti piacere". Maria in ogni cosa che faceva, pensava e diceva a Dio: "faccio questo *solo* per te, per la tua *massima* gloria, per farti *felice* di vederti servito, amato ed adorato dalla Tua umile Ancella".

Fare tutte le cose per Maria

Fare tutte le cose *per* Maria vuol dire indirizzare la rettitudine di intenzione a Maria come *fine prossimo* di tutte le nostre azioni, perché sia Lei, poi ad offrirle a nome nostro a Dio come *fine ultimo*. Uno schiavo, infatti, lavora per il suo padrone; e chi si è consacrato a Maria come *schiavo d'amore*, non può e non deve restarsene ozioso. Mano a mano che, crescendo nella conoscenza di Maria mediante la formazione, la meditazione ed anche la conoscenza delle sue apparizioni nel corso della storia, l'anima giunge a conoscere nei particolari i Suoi pensieri, i Suoi desideri ed i Suoi voleri, deve sentire impellente il dovere di essere la prima e la più sollecita nel servire questa Divina Signora. Si deve agire per far contenta Maria e perché Lei possa dire di noi: "Tu sei un mio figlio diletto, un mio vero servo, e di te Mi compiaccio". Tra i veri schiavi di amore di Maria deve sussistere una santa gara ed una santa emulazione, volta ad avere il primato nel numero e nella qualità dei servizi che si rendono a questa Augusta Signora: sia quelli che si sanno essere da Lei richiesti e voluti, sia quelli che Le si offrono spontaneamente, sapendo che per quante preghiere, per quanti sacrifici, mortificazioni, penitenze ed atti di virtù Le avremo offerto, sarà sempre enormemente meno di quanto Ella è degna di riceverne.

San Luigi M. da Montfort aggiunge che rientra nel servire Maria anche l'intraprendere cose grandi per Lei e per il Suo onore, fare il possibile perché Ella sia conosciuta, amata e servita e perché molti Le consacrino la vita[14], difendere i suoi privilegi e la sua grandezza quando la vediamo contestata anche dai cattivi cattolici, dai progressisti e dai modernisti, non aver paura di dirsi e farsi riconoscere come suoi fedeli schiavi, pur conservando la dovuta discrezione ed evitando fanatismi, o atteggiamenti singolari che non giovano né al Suo né al nostro onore.

Concretamente, oltre alle *azioni* direttamente volte al servizio di Maria (per esempio: so che Ella vuole che si reciti il Rosario intero e mi sforzo di farlo; so che Ella vuole che Le si offrano sacrifici e penitenze, e comincio a farlo; so che Ella gradisce il silenzio e l'umiltà, e mi sforzo di praticarle; etc.), bisogna *offrirle esplicitamente* tutte le nostre azioni, a cominciare, come sempre, da quelle più sacre fino a quelle più ordinarie. Anche questo esercizio si può fare utilizzando una frase che si rivolge (mentalmente) a Maria prima di ogni azione: "*per te faccio questo, mia buona Madre*" (per te guido, per te studio, per te svolgo le faccende, per te mangio,

---

[14] È il campo, vastissimo, dell'*apostolato mariano*, che trova nei consacrati i primi e generosi "militi" e "cavalieri", per usare le espressioni care a san Massimiliano M. Kolbe.

per te dormo, per te bevo, per te tengo ordinata la camera, tengo in ordine gli oggetti di lavoro, faccio questo sacrificio, offro questa preghiera, partecipo a quest'incontro di preghiera, sopporto questa persona molesta, perdono quest'offesa, visito questo malato, accolgo questo rimprovero, etc.), oppure rivolgendole uno sguardo dell'anima, cioè indirizzando silenziosamente il pensiero e le azioni a Lei come fine prossimo[15]. Questo esercizio è oltremodo santificante, perché, obbligandoci allo sforzo di ricordarci di offrire ogni cosa a Maria, realizza tre importantissimi obiettivi: primo, ci tiene lontano dal peccato e vicini alla virtù (perché nessuno sarebbe così sfrontato da offrire a Maria un peccato); secondo ci fa praticare la rettitudine di intenzione, di modo che i nostri atti meritano più gloria in Paradiso e più grazie in questa terra; terzo rende le nostre azioni ancora più meritorie, perché esse sono offerte direttamente a Maria, e quindi giungono a Dio (a cui Ella immediatamente le rivolge) presentatele da Lei ed unite alle sue personali e purissime intenzioni, per cui saranno gradite da Sua Divina Maestà talmente tanto che di più non potrebbero esserlo, quantunque siano compiute da poveri peccatori come noi. Concludiamo con alcune testimonianze dei santi sul vivere "per" Maria.

> "Sacrifica tutto te stesso all'Immacolata. Tutto puoi su te stesso e sugli altri per mezzo di Essa. Soffri, prega, lavora per l'Immacolata. Ella si prenderà cura di te" (san Massimiliano M. Kolbe).
>
> "Un'anima che avesse la rettitudine e la purezza di intenzione che mira solo a Dio, mi pare che vivrebbe anche nell'umiltà, saprebbe riconoscere i doni ricevuti da Lui, perché l'umiltà è verità, e non si approprierebbe di nulla riferendo tutto a Dio, come faceva la Vergine Santa. Anche le azioni *più ordinarie* erano da Lei divinizzate, perché in tutto ciò che faceva, la Vergine restava sempre l'Adoratrice del dono di Dio" (santa Teresa di Gesù).
>
> "Fai qualche sacrificio di qualche oggetto pericoloso o vano... offrendolo a Lei... astieniti per amore suo da alcuni divertimenti, compagni e passatempi che per lo meno sono pericolosi ed incentivi al male... e quando ti sentirai da Lei ispirato a fare o a sacrificare qualche cosa, fallo subito, di buon animo, con cuore grande e non dubitare che Maria non si farà vincere in cortesia" (san Gabriele dell'Addolorata).
>
> "O Maria, ricevete il mio cuore come vittima espiatrice per le mie colpe; stritolatelo per mezzo del dolore; vi faccio il sacrificio di tutte le creature,

[15] San Massimiliano diceva che basta dire, anche solo mentalmente, il nome "Maria!".

affinché il mio cuore non sia più di altri che di Te e del mio Gesù; venite in mio soccorso, concedetemi la grazia di morire a me stessa per non più vivere che del mio dolce Gesù e per il mio Gesù; o Madre mia, Fiat! Per la vita, Fiat! Per il dolore, Fiat! Per la morte, Fiat! Per l'eternità, Fiat!, o Madre, nel vostro dolce Cuore" (santa Bernardette Soubirous).

CAPITOLO VII

MARIA NELLA DOTTRINA DEI SANTI E DEI MISTICI

Abbiamo visto che una delle condizioni necessarie per vivere bene la consacrazione a Maria è la continua formazione mariana. Per questo sono necessarie due cose: la conoscenza della figura della Madonna attraverso la dottrina e gli scritti dei santi (che ne hanno presentato la dottrina) e dei mistici (che ne riportano gli insegnamenti), ed anche delle principali apparizioni (necessariamente quelle riconosciute dalla Chiesa, con prudenza anche quelle in attesa di riconoscimento ufficiale) che ci consentono di conoscere ciò che Maria desidera particolarmente per il nostro tempo contemporaneo. Dedicheremo al primo di questi argomenti l'ultimo capitolo della nostra piccola opera, avvertendo che essendo praticamente impossibile non solo esaurire, ma anche solo presentare in maniera esauriente un argomento vastissimo come questo, le considerazioni che seguono hanno valore esemplificativo ed indicativo, in quanto si propongono, principalmente di offrire alcuni strumenti per il proprio approfondimento personale, sempre sotto la guida del direttore spirituale.

Dalle origini al 1500

Durante l'età patristica (dal II secolo fino al 749), abbiamo alcuni autori che trattano di alcuni aspetti di Maria SS.ma. Tra essi, i principali (ma non gli unici) sono i seguenti:

SANT'IRENEO, vescovo e martire (130-202). Fu uno dei più convinti sostenitori che Maria ss.ma fosse la nuova Eva che aveva sciolto il legame contratto dalla prima Eva; è la Vergine riparatrice della disobbedienza di Eva:

> "Parallelamente si trova anche la Vergine Maria, obbediente quando dice: 'ecco la tua serva, avvenga di me quello che hai detto'. Eva disobbedì e fu disobbediente mentre era ancora vergine. Come Eva, che pur avendo come marito Adamo era ancora vergine [...] e disubbidendo divenne causa di morte per sé e per tutto il genere umano, così Maria, che pur avendo lo sposo che le era stato assegnato era vergine, obbedendo divenne causa di salvezza per sé e

per tutto il genere umano [...] Così il nodo della disobbedienza di Eva trovò soluzione grazie all'obbedienza di Maria. Ciò che Eva aveva legato per la sua incredulità, Maria l'ha sciolto per la sua fede".

SANT'EFREM, diacono e dottore della Chiesa (306-373). Fu un vero poeta della Madonna, alla quale indirizzò 20 inni e verso la quale ebbe espressioni di tenera devozione. Egli invocava Maria "*più splendente del sole, conciliatrice del cielo e della terra, pace gaudio e salute del mondo, corona delle vergini, tutta pura, immacolata, incorrotta, beatissima, inviolata, venerabile, onorabile...*".

SANT'AMBROGIO, vescovo e dottore della Chiesa (340-397). Fu il cantore della verginità perpetua di Maria, modello perfetto e tipo esemplare della Chiesa, che in Maria trova già perfettamente prefigurata la sua immagine:

> "Per voi [vergini consacrate] la verginità, come se fosse raffigurata in una immagine, sia la vita di Maria da cui rifulge, come riflesso da uno specchio, il modello della castità e la forma ideale della virtù. Di qui traete gli esempi di vita, nei quali gli insegnamenti della probità che vi sono espressi come in un modello, mostrano che cosa dovete correggere, che cosa dovete evitare, che cosa conservare [...]. Ben a ragione Maria è sposa, ma vergine, perché essa è l'immagine della Chiesa ("Ecclesiae typus"), che è senza macchia ma anche sposa. Ci ha concepiti verginalmente nello Spirito, e verginalmente ci dà alla luce senza un lamento. Anche per questo, forse, Maria santissima, a uno è sposa, ma è resa feconda da un Altro, perché anche le singole Chiese sono bensì fecondate dallo Spirito e dalla grazia, tuttavia sono legate visibilmente al vescovo, che temporaneamente le governa".

SANT'AGOSTINO, vescovo e dottore della Chiesa (354-430). Tra l'immensa mole dei suoi scritti teologici, si rinvengono alcune belle espressioni soprattutto sulla fede e l'obbedienza di Maria SS.ma, che egli amava e venerava con tenero affetto, e di cui comprese la grandezza *soprattutto spirituale*, prima ancora che biologica: "*Non fece forse la volontà del Padre la Vergine Maria, la quale per la fede credette, per la fede concepì, fu scelta perché da Lei la salvezza nascesse per noi tra gli uomini e fu creata da Cristo prma che Cristo fosse creato nel suo seno? Santa Maria fece la volontà del Padre e la fece interamente; perciò vale più per Maria essere stata discepola di Cristo, anziché Madre di Cristo*".

San Giovanni Damasceno, sacerdote e dottore della Chiesa (650-749). Scrisse molti inni e trattati teologici sulla Madonna, di cui era devotissimo e da cui fu realmente salvato da grandi pericoli. Con questo grande dottore della Chiesa si chiude l'età patristica: "*per mezzo di Maria è venuta a noi la pace... da Lei abbiamo ricevuto il germe dell'immortalità... con Lei abbiamo ricevuto ogni bene... in Lei Dio si è fatto uomo e l'uomo si fa Dio [...]. Che cosa di più dolce della Madre di Dio? Si è impossessata del mio spirito; ha rapito la mia lingua. Io me la rappresento giorno e notte*".

In età medievale la dottrina mariana conosce un grande impulso, soprattutto ad opera dei due grandi ordini mendicanti dei francescani e dei domenicani. Prima di loro viene la figura del grande san Bernardo, innamorato di Maria e da Lei favorito con doni mistici straordinari, tra cui quello di poter bere, dal seno di Maria SS.ma, il suo latte.

San Bernardo da Chiaravalle, abate e dottore della Chiesa (1090-1153). È chiamato *Doctor mellifluus* ("dottore dolce") ma anche *Doctor marianus* ("dottore mariano") per la sua eccellente dottrina sulla Madonna, che egli vede come figura decisamente superiore ad ogni santo ed a tutta la Chiesa, ed inferiore solo a Cristo. Accentua il ruolo della Madonna come Mediatrice ed Avvocata di tutti i cristiani. Le sue *Omelie sulla Madonna* sono state raccolte in un testo[16], che è senz'altro da leggere dalle anime innamorate di Maria e a Lei consacrate. Si tratta di diciannove omelie, pronunciate in occasione di alcune feste della Madonna, alcune delle quali molto famose (come l'Omelia "*de aquaeductu*"), in cui emerge tutta la dottrina e l'altissima devozione di san Bernardo verso la Vergine:

> "Nostra Signora, nostra Mediatrice, nostra Avvocata, riconciliaci con tuo Figlio, raccomandaci a tuo Figlio, rappresentaci davanti a tuo Figlio" [...] "Rispondi presto, o Vergine. Pronuncia la parola che terra e inferi, e persino il cielo aspettano. Anche il Re e Signore di tutti, quanto si è invaghito della tua grazia, altrettanto desidera la tua risposta, poiché per essa ha deciso di salvare il mondo. Piacesti a Lui nel silenzio, gli piacerai ancor di più con la tua parola [...]. Tutta l'umanità, prostrata ai tuoi piedi, attende la tua parola [...]. Perché indulgi, perché tremi? Abbi fede, parla e ricevi il Verbo di Dio. La tua umiltà sia audace, la tua timidezza fiduciosa [...]. Ecco, il Desiderato da tutte le genti

[16] S. Bernardo di Chiaravalle, *Sermoni per le feste della Madonna,* Milano 1990 (edizioni paoline, collana "Le letture cristiane del secondo Millennio").

sta fuori e bussa alla tua porta [...]. Alzati, corri, apri: alzati con la tua fede, corri col tuo affetto, apri col tuo consenso [...] 'eccomi' – dice – 'sono la serva del Signore'. Cos'è quest'umiltà così sublime da non cedere agli onori e non inorgoglirsi nella gloria? Viene prescelta a Madre di Dio e si dichiara sua serva. Non è certo segno di umiltà mediocre non dimenticare l'umiltà quando è offerta una gloria così eccelsa. Non è gran cosa l'essere umile nell'abiezione; al contrario, è virtù insigne e rara l'umiltà tra gli onori...".

SAN BONAVENTURA, vescovo e dottore della Chiesa (1217-1274). Grande discepolo di san Francesco e grande teologo, scrisse anch'egli diverse omelie in onore delle feste della Madonna. Nella sua teologia la Madonna è la sempre vergine, Madre di Dio e quindi piena di grazia e vicinissima a Cristo secondo l'umanità, e pertanto mezzo necessario (e veicolo) per la santificazione della Chiesa e di tutti i credenti: "*La Vergine fu costituita principio diffusivo di ogni santificazione. Tutti sono santificati da Lei. La Chiesa intera attinge da Lei la santificazione*".

BEATO GIOVANNI DUNS SCOTO, sacerdote (1265-1308). Beatificato da Giovanni Paolo II nel 1993, è stato da lui stesso definito "*cantore del Verbo incarnato e difensore dell'Immacolato concepimento di Maria*". Ecco un breve estratto della sua dottrina sull'Immacolata:

> "Nel (concetto di) Redentore universale e perfettissimo è inclusa la potenza di allontanare ogni pena dalla persona che riconcilia. La colpa originale è una pena più grande della stessa privazione della visione beatifica, perché il peccato, fra tutte le pene della natura umana, è la più grande. Se Cristo è il mediatore universale – come viene affermato da tutti – egli deve aver meritato che qualche persona sia stata preservata dalla colpa d'origine. E tale persona non può che essere che la Madre di Lui, la vergine Maria» [...] «La persona riconciliata, infatti, non è obbligata in modo perfetto al suo mediatore, se da lui non riceve il massimo bene che può darle. Dall'azione mediatrice di Cristo si può ottenere l'innocenza, cioè la preservazione della colpa d'origine o già contratta o da contrarsi. Nessuno, pertanto, sarebbe tenuto a Cristo in modo perfetto, se egli non avesse preservato qualcuno dalla colpa d'origine... E' un beneficio maggiore preservare qualcuno dal male, che permettere che egli incorra nel male e poi venga liberato. Se è bene maggiore l'innocenza perfetta che la remissione della colpa, allora a Maria Vergine viene conferito un bene

maggiore preservandola dalla colpa originale, piuttosto che riconciliarla dopo averla contratta».

San Domenico, sacerdote e fondatore dell'Ordine dei Frati Predicatori (1170-1221). A Lui la Madonna (verso cui aveva una tenerissima devozione ed ai cui piedi passava intere nottate di preghiera) rivelò e consegnò il santo Rosario e glielo consegnò come arma per ottenere la conversione degli eretici albigesi.

Santa Brigida di Svezia, religiosa (1302-1373). Questa grande santa, ora copatrona d'Europa, madre di otto figli e fondatrice, dopo la morte del marito, di un nuovo istituto, come è noto fu destinataria di moltissimi messaggi da parte di Gesù e della Madonna, raccolte in un'opera dal titolo *Rivelazioni*, un estratto della quale è contenuto nel volumetto "Rivelazioni", edito da Gribaudi (Milano 1991). La sezione dedicata alle Rivelazioni della Madonna è indubbiamente da leggere e contiene molti insegnamenti su chi era (ed è) la Madonna e su quelli che sono i suoi voleri. Eccone un piccolissimo estratto:

> "Ci sono tre cose in particolare per cui sono piaciuta a mio Figlio: l'umiltà, tanto che nessun uomo, nessun angelo e nessuna creatura era più umile di me; ho eccelso nell'obbedienza, perché mi sono sforzata di obbedire a mio Figlio in ogni cosa; ho avuto in sommo grado una carità singolare, e per questo sono stata onorata tre volte tanto da Lui [...]. Io sono la creatura cui Egli ha concesso una grazia più eminente che a tutte le altre creature [...]. Dio è vicino a me al punto che chi vede Dio, vede me, e chi vede me, vede Dio [...]. Sforzati di seguire la mia umiltà e di non amare altri che mio Figlio".

Tommaso da Kempis (1380-1471). Questo autore è molto conosciuto per essere stato l'autore del celebre libro "L'imitazione di Cristo", che ebbe tanta fortuna da meritare di essere chiamato "il quinto Vangelo". Pochi però sanno che, sulla base degli scritti di argomento mariano di quest'autore, è stata compilata una raccolta che va sotto il titolo di "*L'imitazione di Maria*" (Vigodarzere, 1999, ed. Progetto editoriale mariano) che contiene interessantissime meditazioni sulla Vergine, la sua vita, le sue virtù, i suoi dolori, i suoi voleri. È sicuramente da leggere per una buona e solida formazione mariana.

> "Devi meditare con grande impegno gli esempi dell'amabile Vergine Maria che, come mirra squisita, diede frutti profumati di pazienza e fu ripiena in modo soavissimo e in misura sovrabbondante di consolatrici dolcezze divine.

Anche tu troverai grandissime consolazioni, se porterai nel cuore il nome di Maria. Se starai con Lei, trarrai molti vantaggi, perché il suo amore scaccia ogni ardore della concupiscenza carnale; dona il refrigerio della castità; fa disprezzare il mondo, fa servire Cristo nell'umiltà; fa sfuggire ogni cattiva compagnia ed educa ad una vita casta e religiosa. Ama Maria dunque e riceverai una grazia speciale; invoca Maria, e otterrai vittoria; onora Maria, e riceverai l'eterna ricompensa [...]. La Beata Vergine soffrì moltissimo per gli errori del mondo e le malvagità di tanti; compatì quanti erano veramente pentiti o duramente tentati. Si afflisse per la grande ingratitudine degli uomini [...]. Si addolorò per la dannazione dei cattivi, che in dispregio della parola di Dio preferivano il mondo al cielo e ricercavano le fallaci ricchezze invece delle veraci virtù; soffrì per il disprezzo dei poveri, l'alterigia dei superbi, la negligenza nel culto divino e la trasgressione dei comandamenti [...]. Ma se vuoi davvero conoscere la violenza del dolore nella Madre, pensa alla veemenza dell'amore nella Vergine [...]. Imita la Madre di Dio se vuoi far parte del numero dei suoi devoti. Studiati di seguire premurosamente Maria Santissima nelle sue celebrate virtù e conseguirai la palma della gloria celeste. Rattristati molto per le tue passate negligenze e per i difetti non ancora vinti [...]. Tieniti stretto a Maria e non lasciarla, finchè non ti abbia condotto con la sua guida felice alla reggia del cielo. Amen".

BEATO ALANO DELLA RUPE, sacerdote (1428-1475). Fu un apostolo della diffusione del Rosario, preghiera mariana che lui preferì chiamare "Salterio della Vergine". All'uso corrente della recita di 50 Ave Maria, fissò il numero in 150, divise a decadi, intercalate da 15 Pater Noster; inoltre fissò a cinque i temi di meditazione che oggi chiamiamo "misteri gaudiosi, dolorosi, gloriosi". Ebbe una tenerissima devozione alla Madonna, da cui ricevette (come san Bernardo) insieme a tante altre grazie anche quella di poter bere il latte del suo santissimo seno e di contrarre lo sposalizio mistico con Maria ss.ma, che lo chiamava realmente "sposo". Gli scritti del Beato Alano della Rupe sono stati recentemente raccolti dalla casa editrice Ancilla in un volume che è assolutamente da leggere: Beato Alano della Rupe, *Il salterio di Gesù e di Maria. Genesi, storia e rivelazioni del Santissimo Rosario*, Conegliano 2006. Eccone un breve estratto:

"Gioiamo nell'ascoltare la rivelazione della Beata Vergine Maria sul perché nel suo Salterio vi sono 150 salutazioni: 'poiché ho ricevuto 150 gioie spirituali, di enorme valore, durante il concepimento e la gestazione del mio

Figlio, con estasi, visioni, rivelazioni e ispirazioni; poiché 150 gioie ho avuto durante la nascita e l'allattamento di mio Figlio; 150 gioie durante la predicazione di mio Figlio; 150 dolori grandissimi e di ogni tipo durante la sua passione [...]; per le 150 gioie di Maria e di Gesù in Paradiso; per i 150 aiuti che saranno dati a chi recita con devozione il S. Rosario; per i 150 giorni oppure ore di premonizione sulla morte che saranno dati a chi recita con devozione il S. Rosario, per prepararsi alla buona morte; per le 150 gioie speciali che saranno date in cielo a chi recita con devozione il S. Rosario".

Dal 1600 al 1800

CARD. PIETRO DE BERULLE, fondatore dell'Oratorio e della Scuola Francese (1575-1629). È considerato l'iniziatore della vera e propria spiritualità mariana, il cui perno, in quest'autore, ruota intorno alla necessità di fare *esperienza* di Maria nel segreto dello spirito, ovvero riprodurre, per quanto possibile, la sua vita nella propria anima, per ottenere, grazie a Lei, la massima unione possibile con Dio:

> "Offriti tutta alla Vergine e desidera avere una speciale dipendenza e relazione con Lei. Fa' tuo ogni giorno questo programma, attuandolo e formandolo nella tua anima [...]. Cura le virtù di Maria opposte ai tuoi difetti e supplicala di rivestirtene e di spogliarti dei tuoi difetti [...]. Legati a Maria con sguardi umili e semplici e spogliati volentieri di tutte le altre vedute e pensieri per aprire e applicare così la vita interiore della tua anima su questo divino Oggetto [...]. Rinuncia al potere che hai di disporre di te e delle tue azioni e cedi questo potere a Maria SS.ma".

VEN. MARIA DI GESÙ D'AGREDA, monaca Concezionista Francescana (1602-1665). Questa grande mistica spagnola ebbe lo straordinario dono di poter vedere la vita la Madonna ed ebbe da Lei l'ordine di scriverla. La *Mistica Città di Dio* (in due volumi, editi dalla casa editrice Porziuncola) tratteggia un quadro davvero sublime della Vergine e delle sue inenarrabili virtù e perfezioni e deve essere oggetto di attentissima lettura, meditazione e soprattutto, per quanto possibile, di imitazione. Nella sua opera emerge una figura della Madonna totalmente divinizzata, assolutamente perfetta in tutti i suoi pensieri, parole e azioni, unicamente attenta a cercare in tutto la massima gloria di Dio, esempio davvero irraggiungibile di ogni virtù, depositaria di tutti i tesori, le grazie e i privilegi che l'Altissimo abbia mai dato e mai darà non solo a creatura alcuna, ma anche a tutti gli enti creati messi insieme, che, pur complessivamente "sommati" e considerati non raggiungono ciò che Maria SS.ma era ed è in sé e per sé.

San Carlo da Sezze, religioso (1613-1670). Fu un fratello laico francescano, condotto da Maria SS.ma letteralmente per mano in tutte le fasi e i gradi della vita mistica. Già a 17 anni, spinto da una forte devozione alla Madonna, le fece voto di castità, a cui Ella rispose introducendolo subito nel primo grado della contemplazione infusa. Lo guidò ed accompagnò lungo tutto il tempo della sua formazione religiosa, e lo condusse fino al matrimonio mistico, durante il quale lo rese partecipe della vita intratrinitaria, lo condusse ad una profonda penetrazione del mistero dell'Eucaristia e lo introdusse dentro i misteri della Passione e della Risurrezione di Cristo:

> "Emisi il voto di castità, promettendo alla beatissima Vergine di vivere castamente, con il suo aiuto, tutto il tempo della mia vita [...]. L'aver avuto il felicissimo incontro con Maria, non fu occasionale, avendomi la Madre di Dio tenuto sempre in particolare protezione, benché indegno devoto, liberandomi con forza dagli attacchi delle vanità del mondo, difendendomi dalla forza impetuosa dei mostri infernali, i quali si affaticavano nell'impedirmi di perseverare nella vocazione".

Ven. Michele di S. Agostino, sacerdote (1621-1680). Fu maestro della vita "*mariaforme*", dottrina che insegna come l'unione con Dio debba essere perseguita e ricercata *in* Maria, *per* Maria e *con* Maria e che questo tipo di unione sia la cosa più perfetta e più gradita a Dio, nonché la più efficace e fruttuosa, perché solo Maria è stata capace di amare Dio perfettamente e come merita. Inoltre Maria, pur essendo una pura e semplice creatura, è *totalmente* divinizzata e quindi l'unione con Lei comporta la massima unione possibile con Dio e questo fino a "fondersi" con Maria o "perdersi" totalmente in Lei: chi lo fa non trova altro che la Santissima Trinità.

> "Alcune anime, veramente degne figlie di Maria [...] sperimentano quanto segue: par loro di lasciarsi condurre, formare, possedere e animare dallo stesso spirito di Maria. Questa buona Mamma sembra educarle come sue beniamine, imbeverle della sua stessa natura, investirle del suo spirito. In questo senso sembra che Ella trasformi queste anime in Se Stessa e che il suo spirito viva e operi in esse ogni cosa [...]; d'ora in poi queste anime non vivranno più se non per Maria. Ella vivrà in esse muovendo, piegando, dirigendo le loro potenze,

per farle vivere in una nuova maniera in Dio. Sicché, per loro, vivere è Maria…".

SAN GIOVANNI EUDES, sacerdote fondatore della Congregazione di Gesù e Maria (1641-1680). Questo grande santo fu uno dei primi e più grandi antesignani della devozione al cuore di Maria: il suo testo, da pochissimo tempo ristampato e pubblicato dalla Casa Mariana Editrice ("*Il cuore ammirabile della Madre di Dio*") è a dir poco ottimo soprattutto per fare l'orazione mentale quotidiana mariana. Ogni persona consacrata alla Madonna, in effetti, dovrebbe fare sempre (o almeno in certi periodi dell'anno) l'orazione mentale *sulla* Madonna (oltre che, come sempre, *con* Lei e *per mezzo* di Lei), per *unirsi* nel fuoco dell'orazione a Lei ed al suo Immacolato Cuore. La spiritualità di san Giovanni Eudes è incentrata sul cuore di Maria perché il cuore è simbolo, ad un tempo, dell'amore (che Maria aveva tutto e perfettamente rivolto e concentrato in Dio), degli affetti e dei sentimenti (anch'essi radicati assolutamente in Dio), dei pensieri (Maria ebbe il dono di pensare ininterrottamente a Dio e di amarlo incessantemente, dal primo istante del concepimento fino al suo beato transito) e delle intenzioni (Maria agiva sempre e solo per la *massima* gloria di Dio).

> "Vivete della vita del beato Cuore di Maria, fate vostri i suoi sentimenti, le sue disposizioni, le sue inclinazioni, amate ciò che Lui ama, odiate ciò che Lui odia, non desiderate che ciò che Egli desidera, non rallegratevi se non in ciò che lo rallegra, lavorate per l'avvento dei suoi disegni […]. Donatevi senza riserva allo spirito che anima Maria affinché il suo spirito vi possegga e vi guidi in tutte le cose, la sua grazia vi santifichi, la sua carità vi infiammi, il suo amore vi abbracci e vi consumi, il suo zelo vi divori […]. Bisogna che noi badiamo e adoriamo suo Figlio in Lei poiché è così che Lei vuole essere onorata, perché da sola e per se stessa Ella è nulla, ma suo Figlio Gesù è tutto in Lei. Egli è il suo essere, la sua vita, la sua santità, la sua gloria, la sua potenza e la sua grandezza".

San Giovanni Eudes ebbe il dono del matrimonio mistico con Maria ed aveva verso la sua Celeste Sposa indescrivibili trasporti ed effusioni di amore che lo estasiavano:

> "O ammirabile e amabilissima Maria, Madre di Dio, non mi meraviglia che desideriate essere la Sposa dell'ultimo degli uomini e del maggiore dei peccatori, il quale, fin dai suoi più teneri anni, osò sceglervi per sua unica Sposa e a voi consacrò interamente il suo corpo, il suo cuore e la sua anima.

> Degnatevi dunque di accettare, se vi piace, le condizioni della nostra alleanza: come lo sposo e la sposa devono abitare nella stessa casa, così io desidero abitare con Voi nell'amabilissimo Cuore di Gesù che è il Vostro Cuore; come lo sposo e la sposa devono amarsi scambievolmente con amore sincero, costante, cordiale, così io sono sicuro che Voi vi comporterete con me, o Signora tutta amabile, mentre da parte mia io sento tutto l'ardore, il fuoco, le cordiali tenerezze verso di Voi; come lo sposo e la sposa non devono avere che un cuore solo, così fate, o Regina del mio cuore, che io non abbia più che un'anima, uno spirito, una volontà e un cuore con Voi [...]. Che il Cuore santissimo della mia Madre desideratissima sia l'anima della mia anima, lo spirito del mio spirito, il principio della mia vita e di tutti i miei pensieri, parole, azioni, sentimenti e affetti".

SAN LUIGI MARIA GRIGNION DA MONTFORT, sacerdote, fondatore dei padri Montfortani e delle Figlie della Sapienza (1673-1716). Disse di lui un suo amico: "la sua premura di parlare continuamente della Madonna e di renderle continui omaggi, aveva talmente impresso nel suo spirito e nel suo cuore il ricordo della Madre di Dio che non la perdeva mai di vista in maniera che, come ha confidato ad un suo amico, senza alcuno sforzo si trovava *continuamente* alla sua presenza e sotto il suo sguardo". Fu il primo a teorizzare la radicalizzazione della devozione a Maria parlando della santa schiavitù d'amore alla Madonna. Attraverso questo tipo di consacrazione, si diventa (volontariamente) proprietà di Maria, così come uno schiavo *appartiene* al padrone. È più che essere dei semplici figli (un figlio, divenuto adulto, lascia il padre e la madre), ma è anche più che essere *servi* (un servo lavora part-time, percepisce uno stipendio, può cambiare padrone, conserva la libertà), perché pone in una situazione di totale appartenenza a Maria, cui si cedono anche il valore di tutte le proprie buone opere, presenti, passate e future e ci si impegna, con l'atto di consacrazione, a rendere reale ed effettiva la volontà di appartenere alla Madonna, sforzandosi – gradualmente – di imparare a fare tutte le cose *con* Maria, *per mezzo di* Maria, *per* Maria ed *in* Maria ed impegnandosi ad eseguire tutti i suoi voleri (anche a prezzo di grandi sacrifici) mano a mano che vengono conosciuti. Il fondamento di questa appartenenza totale e radicale consiste semplicemente nell'imitazione di Cristo: il Figlio di Dio ha voluto (pur potendo, in teoria, farne a meno) divenire uomo per mezzo di Maria, rendendosi *dipendente* da Lei; noi, che siamo figli di uomini, dobbiamo renderci totalmente dipendenti da Lei per divenire dei veri figli di Dio, cioè santi. Le opere di san Luigi Montfort devono essere *tutte* lette e conosciute da chi vuol essere profondamente devoto di Maria, anche qualora non se la sentisse (o non volesse) fare la consacrazione radicale "*totus tuus*". Esse sono: *Il trattato della vera devozione alla Madonna*; *Il segreto di Maria*; *Il segreto meraviglioso del Santo Rosario*; *L'amore dell'eterna Sapienza; La lettera agli amici della Croce*; *La preghiera infuocata*. Ecco alcune espressioni estratte dagli scritti del grande santo francese:

> "Per mezzo di Maria ebbe inizio la salvezza del mondo, ancora per mezzo di Maria deve avere il suo compimento. Dio vuole dunque rivelare e manifestare Maria, capolavoro delle sue mani. Maria deve risplendere più che mai in questi ultimi tempi in misericordia, in forza e in grazia. In misericordia per ricondurre ed accogliere amorevolmente i poveri peccatori e i traviati che si convertiranno e ritorneranno alla Chiesa cattolica. In forza, contro i nemici di Dio, gl'idolatri, gli scismatici, gli empi induriti che si ribelleranno in modo terribile per sedurre e far cadere, con promesse e minacce, tutti quelli che saranno loro contrari. E infine deve risplendere in grazia, per animare e sostenere i prodi soldati e fedeli servi di Gesù Cristo che combatteranno per i suoi interessi. Da ultimo, dev'essere 'terribile come schiere a vessilli spiegati' di fronte al diavolo e ai suoi seguaci, soprattutto in questi ultimi tempi, perché il diavolo, ben sapendo che gli resta poco tempo, e più poco che mai, per trarre a rovina le anime, raddoppia ogni giorno i suoi sforzi e i suoi attacchi. Susciterà infatti, quanto prima, crudeli persecuzioni e tenderà terribili insidie ai servi fedeli e ai veri figli di Maria, che egli vince più difficilmente degli altri. Dio ha fatto e preparato una sola ma inconciliabile inimicizia, che durerà ed anzi crescerà sino alla fine: l'inimicizia tra Maria, sua degna Madre, e il diavolo, tra i figli e servi della Vergine santa e i figli e seguaci di Lucifero. Pertanto la nemica più terribile del diavolo che Dio abbia mai creata, è Maria, sua santa Madre. Dio non ha costituito soltanto una inimicizia, ma delle inimicizie; l'una tra Maria e il demonio, l'altra tra la stirpe della Vergine santa e la stirpe del demonio. In altre parole, Dio ha posto inimicizie, antipatie e odî segreti tra i veri figli e servi della Vergine santa e i figli e schiavi del demonio. Non si amano tra loro, non c'è intesa tra loro! Dio vuole che la sua santa Madre sia conosciuta, amata e onorata ora più che mai. Ciò accadrà sicuramente se con la grazia e la luce dello Spirito Santo, i predestinati si inoltreranno nella pratica interiore e perfetta che manifesterò loro. Allora vedranno chiaramente - nella misura che la fede permette - questa bella stella del mare, e guidati da lei giungeranno in

porto, malgrado le tempeste e i pirati. Conosceranno le grandezze di questa sovrana, e si consacreranno interamente al suo servizio in qualità di sudditi e schiavi d'amore. Sperimenteranno le sue dolcezze e bontà materne e l'ameranno teneramente come figli di predilezione. Conosceranno le misericordie di cui Ella è ricolma e il bisogno che essi hanno di esser aiutati da lei, a lei ricorreranno in ogni cosa come a loro cara avvocata e mediatrice presso Gesù Cristo. Ma chi saranno questi servi, schiavi e figli di Maria? Saranno fuoco ardente che metteranno dappertutto il fuoco del divino amore. Saranno frecce acute nella mano potente di Maria per trafiggere i suoi nemici. Saranno molto purificati dal fuoco di grandi tribolazioni e molto uniti a Dio. Porteranno nel cuore l'oro dell'amore, l'incenso della preghiera nello spirito e la mirra della mortificazione nel corpo. Saranno nubi tonanti e vaganti nello spazio al minimo soffio dello Spirito Santo: spanderanno la pioggia della parola di Dio e della vita eterna, tuoneranno contro il peccato, grideranno contro il mondo, colpiranno il diavolo e i suoi seguaci. Saranno veri discepoli di Gesù Cristo: seguendo le orme della sua povertà, umiltà, disprezzo del mondo e carità, insegneranno la via stretta di Dio nella pura verità, secondo il santo Vangelo, e non secondo i canoni del mondo; senza preoccupazioni e senza guardare in faccia a nessuno; senza risparmiare, seguire o temere alcun mortale, per potente che sia. Avranno in bocca la spada a due tagli della parola di Dio e porteranno sulle spalle lo stendardo insanguinato della Croce, il crocifisso nella mano destra, la corona nella sinistra, i sacri nomi di Gesù e di Maria sul cuore, la modestia e la mortificazione di Gesù Cristo in tutta la loro condotta. Ecco i grandi uomini che verranno e che Maria formerà su ordine dell'Altissimo, per estendere il suo dominio sopra quello degli empi, idolatri e maomettani. Ma quando e come avverrà tutto questo?... Dio solo lo sa. Compito nostro è di tacere, pregare, sospirare e attendere".

SANT'ALFONSO M. DE LIGUORI, vescovo e dottore della Chiesa, fondatore dei Redentoristi (1696-1787). Grandissimo santo italiano, devotissimo della Madonna, scrisse un vero e proprio classico della spiritualità mariana che non può assolutamente mancare nella biblioteca delle anime amanti dell'Immacolata: *Le glorie di Maria*. L'opera è in due parti: la prima parte è un commento, frase per frase, della *Salve regina*; la seconda parte è in quattro capitoli, dedicati rispettivamente a: 1. Meditazioni sulle sette principali feste di Maria (Immacolata, Natività, Presentazione al Tempio, Annunciazione, Visitazione, Purificazione e Assunzione); 2. Riflessioni sui sette dolori di Maria (profezia di Simeone, fuga in Egitto, smarrimento di Gesù al Tempio, incontro con Gesù sulla via dolorosa, presenza di Maria sotto la croce, colpo di lancia e deposizione, sepoltura di Gesù); 3. meditazioni sulle virtù di Maria (umiltà, carità verso Dio e il prossimo, fede, speranza, castità, povertà, ubbidienza, pazienza e preghiera[17]); 4. Le pratiche di devozione alla madre divina, ossia: la recita dell'Ave Maria, le novene, il Rosario e l'Ufficio della Madonna, il digiuno, la visita alle immagini di Maria, lo scapolare, l'appartenenza a congregazioni mariane, le elemosine, il ricorso frequente alla Madonna ed altre pratiche devote, come il far celebrare Messe in onore della Madonna o parteciparvi, l'onorare san Giuseppe, i genitori della Madonna e i santi mariani, la lettura spirituale quotidiana di libri mariani. Anche in un'altra opera deliziosa di sant'Alfonso (*Visite al SS.mo Sacramento e a Maria SS.ma),* nelle sezioni dedicate alle visite alla Madonna si trovano considerazioni ed affetti molto edificanti e formativi di un'anima che voglia essere totalmente mariana. Ecco alcune espressioni di sant'Alfonso:

> "La beata Vergine è così grande e sublime, che quanto più La si loda, tanto più si desidera lodarLa, fino al punto che, come dice sant'Agostino, non bastano a glorificarLa quanto Lei merita tutte le lingue degli uomini, anche se tutte le parti dei loro corpi divenissero nuove lingue [...]. I veri innamorati di questa amabilissima Signora vorrebbero lodarLa dappertutto e vederLa amata in tutto il mondo".

Sant'Alfonso affermava che Maria è "l'onnipotente per grazia", perché tutte le sue preghiere presso suo Figlio vengono sempre ed infallibilmente esaudite: "*ogni sua preghiera diventa come una legge stabilita dal Signore*".

VEN. GUGLIELMO GIUSEPPE CHAMINADE, sacerdote, fondatore dei Marianisti (1761-1850). Insegnò il dovere di appartenere in modo totale e irrevocabile alla Madonna, ma, a differenza del Montfort, anziché parlare di schiavitù preferì utilizzare l'espressione "*pietà filiale*": donarsi a Maria come figli per far rivivere a Maria, in noi e attraverso di noi, l'amore che Gesù aveva verso di Lei quando era sulla terra (ed ha anche adesso in Paradiso). Il fulcro di questa spiritualità mariana è

---

[17] San Luigi Montfort, nel *Trattato della vera devozione*, enumera le dieci virtù principali di Maria che sono: umiltà profonda, carità ardente, purezza divina (= castità), fede viva, ubbidienza cieca, sapienza divina, mortificazione universale, dolcezza angelica, pazienza eroica, preghiera continua. Mettendo insieme l'elenco del Montfort con quello del De' Liguori scopriamo dunque le dodici principali virtù di Maria santissima: umiltà profonda, carità ardente, speranza ferma, fede viva, purezza divina, ubbidienza cieca, povertà serafica, mortificazione universale, dolcezza angelica, pazienza eroica, preghiera continua, sapienza divina.

dunque riprodurre in sé i sentimenti di Gesù verso Maria e di Maria verso Gesù, per diventare un nuovo Gesù per Maria (poiché Gesù disse a Giovanni: "ecco tua Madre") ed una nuova Maria per Gesù (che disse: "chi fa la volontà di Dio è per me fratello sorella e madre"). Questa spiritualità impegna anche ad un apostolato ardentemente mariano, militante e fervente, finalizzato a far trionfare Gesù attraverso Maria Corredentrice.

> "Vi è un dono della presenza abituale della SS.ma Vergine, come vi è un dono della presenza abituale di Dio. è molto rara, in verità, pur tuttavia accessibile, per mezzo di una grande fedeltà alla sua grazia, a tutta la sua grazia [...]. Io sono come strabiliato per il numero di grazie e di benedizioni che ricevono tutti coloro che, di cuore, fanno l'atto di consacrazione a Maria e che *perseverano nei sentimenti che loro ispira*. Oh! Quanto sono fortunati i veri figli di Maria! La Madre di Gesù diviene veramente la loro Madre. Solo nel seno verginale di Maria si può acquistare la più grande conformità a Gesù Cristo [...]. L'imitazione di Gesù Cristo si ottiene attraverso la rassomiglianza a Maria [...]. Imitare Maria è il mezzo più sicuro, più disponibile e più facile per imitare Gesù Cristo [...]. Maria ha preso cura dell'infanzia di Gesù e si è associata a tutti gli stati della Sua vita; gli eletti non raggiungeranno la pienezza dell'età perfetta, se non in quanto Maria sarà per loro ciò che è stata per Gesù".

Autori contemporanei: 1800-1900

SANT'ANTONIO M. CLARET, vescovo, fondatore della Congregazione dei Missionari figli del Cuore Immacolato di Maria (1801-1897). Era soprannominato "l'apostolo del Rosario e del Cuore di Maria". Si consacrò a Maria fin da piccolo ed era ferventissimo nel recitare il santo Rosario e nelle sue visite ai santuari mariani:

> "Difficilmente giocavo con gli altri bambini. Preferivo piuttosto intrattenermi in casa [...] e mi pareva di sentire una voce e che mi chiamasse la santa Vergine affinché mi recassi in Chiesa. Io rispondevo: 'vengo subito' e mi mettevo in cammino [...]. Non mi stancavo mai di stare in Chiesa, davanti alla Madonna del Rosario. Parlavo e pregavo con tal confidenza che mi sentivo

sicuro di essere udito dalla Vergine [...]. Non posso esprimere con quanta attenzione, fervore e devozione pregassi".

La sua spiritualità è incentrata sul Cuore di Maria, su cui si fonda la sua maternità spirituale; accentua la dimensione dell'amore materno di Maria e la necessità di amarla con tutto se stessi fino a diventare pienamente conformi a Lei. Fondò la Congregazione dei Missionari figli del Cuore Immacolato di Maria, con questo programma spirituale: vivere la vita di fede nel Cuore di Maria, interiorizzando le sue caratteristiche profonde di orazione continua e vita interiore, nutrire una profonda e sempre maggiore intimità filiale con Maria, con amore e semplicità, spendersi in un apostolato *universale* per la crescita della Chiesa, oggetto di un amore specialissimo da parte del Cuore Immacolato di Maria.

SANTA CATERINA LABOURÉ, vergine (1806-1876). Rimase orfana di madre a nove anni e non poté frequentare le classi elementari. All'età di ventiquattro anni entrò tra le Figlie della Carità di san Vincenzo de' Paoli. Durante il noviziato ebbe visioni di Gesù Eucaristico e di Cristo Re (giugno 1830); ma le più importanti furono le apparizioni dell'Immacolata della "Medaglia miracolosa". Si tratta di almeno cinque apparizioni, simili fra loro, ma delle quali due ebbero caratteristiche ben individuate. Nella notte tra il 18 e il 19 Luglio 1830, Caterina, condotta da un angelo nella grande cappella della Casa Madre, ebbe un colloquio durato più di due ore con la Madonna, che le preannunziò nuovi incontri. Questi, infatti, avvennero a brevi intervalli l'uno dall'altro, nel Settembre, il 27 Novembre e nel Dicembre di quello stesso anno. L'apparizione più nota fu del 27 Novembre, nella quale si possono distinguere due fasi. Nella prima la Madonna appare ritta su un globo avvolto dalle spire del serpente, nell'atto di offrire a Dio un altro piccolo globo dorato, simbolo del mondo e di ogni anima, ch'Ella tiene all'altezza del cuore: dalle mani della Madonna piovono sul globo inferiore due fasci di luce, uno più luminoso (simbolo delle grazie più grandi, che pochi chiedono alla Madonna), l'altro meno luminoso (simbolo delle grazie più piccole, materiali, che la Madonna ottiene). Nella seconda fase, mentre il piccolo globo d'oro scompare, le mani della Vergine si abbassano, ancora irraggianti fasci luminosi, simbolo delle grazie ottenute da Dio per la sua intercessione e, come a formare un'aureola intorno alla testa della Madonna, appaiono a caratteri d'oro le parole: "O Maria, concepita senza peccato, pregate per noi che ricorriamo a Voi". Poi il quadro sembra visto nel suo retro: la figura della Madonna scompare e al centro si staglia, luminosissima, la lettera M, al di sopra della quale appare la croce, che sormonta una "I"(Iesus) intrecciata con la "M" e al di sotto i ss. Cuori di Gesù (circondato di spine) e di Maria (trapassato da una spada), mentre dodici stelle fulgidissime fanno corona all'immagine. Contemporaneamente una voce interiore ingiunse a Caterina di far coniare una medaglia che riproducesse la visione: ma soltanto il 30 giugno 1832 furono coniati i primi millecinquecento esemplari. La medaglia fu presto detta "miracolosa" per gli straordinari prodigi operati in chi la portava addosso. Fra i miracoli più belli da essa operati, vi fu la celebre conversione dell'ebreo Alfonso Ratisbonne (20.1.1842). La Madonna rivelò anche dei segreti circa le future persecuzioni della Chiesa. Nessuno, tranne i superiori, seppe mai dei favori celesti concessi a santa Caterina. Ella visse nella più grande umiltà e nel più assoluto silenzio e servì per quarantasei anni i poveri. Morì il 31 dicembre 1876; quando la sua salma fu esumata, le mani che avevano toccato la Madonna e gli occhi che l'avevano veduta, apparvero straordinariamente conservati. Ogni vero devoto di Maria deve conoscere la storia della medaglia miracolosa e portarla addosso.

SAN GABRIELE DELL'ADDOLORATA, religioso (1838-1862). Il giovane passionista, conformemente alla spiritualità della sua Congregazione, incentra la devozione mariana sull'*unione di vita con l'Addolorata*. Già prima di entrarvi era molto fervente nella devozione a Maria: recitava il Rosario in ginocchio e visitava i santuari mariani; la Madonna vinse le sue resistenze alla chiamata allo stato religioso. Divenne novizio nel giorno della festa dell'Addolorata, in cui fece il voto eroico della cessione a Maria di tutte le sue opere espiatorie (penitenze, mortificazioni e preghiere). Preferì lo stare con Maria ad ogni divertimento; la salutava quotidianamente entrando e uscendo dalla camera; voleva incidersi il Suo Nome sul petto; praticava l'apostolato mariano dentro e fuori il convento, incitando i confratelli ad offrire alla Madonna mortificazioni e omaggi e predicando a tutti la devozione mariana, i mesi di Maggio e Ottobre, le letture mariane, il santo Rosario, lo scapolare. Alcuni suoi pensieri:

> "Maria è l'unica scala per salire alla felice eternità; confidiamo in Lei e siamo sicuri. Se ci abbandonassimo nelle sue mani e dicessimo spesso: nelle tue mani, Signora, affido la mia vita e tutte le mie cose! Se avremo Maria con noi avremo tutto; se Lei ci mancherà, ci mancherà tutto. I veri amanti di Maria invitano la morte, con pace si separano dai congiunti e dal mondo, sapendo che vanno a possedere l'oggetto dei loro puri amori e che in eterno saranno felici alla presenza di Lei".

SANTA BERNARDETTE SOUBIROUS, vergine (1844-1879). A 14 anni non sapeva né leggere né scrivere e non aveva ancora fatto la prima Comunione; sapeva assai bene il Rosario e teneva sempre con sé una coroncina da pochi spiccioli dalla quale era solita non separarsi mai. A questa quattordicenne poverissima ed analfabeta, ma che pregava tutti i giorni il S. Rosario, la Madonna decise di apparire la mattina dell'11 Febbraio 1858, in un piccolo paese ai piedi dei Pirenei. Verso mezzogiorno la grotta di Massabielle fu piena di una nube d'oro e una splendida Signora apparve sulla roccia. Istintivamente, Bernadette s'inginocchiò, tirando fuori la coroncina del Rosario. La Signora la lasciò fare, unendosi alla sua preghiera con lo scorrere silenzioso fra le sue dita dei grani del Rosario. Alla fine di ogni posta, recitava ad alta voce insieme a Bernadette il *Gloria Patri*. Quando la piccola ebbe terminato il Rosario, la bella Signora scomparve all'improvviso. Nell'apparizione del 24 febbraio la Madonna ripeté per tre volte la parola "Penitenza" ed esortò: "Pregate per i peccatori". Infine nell'apparizione del 25 marzo 1858, la Signora rivelò finalmente il suo nome: "Io sono l'Immacolata Concezione". Quattro anni prima, Papa Pio IX aveva dichiarato il dogma dell'Immacolata Concezione, ma questo Bernadette non poteva saperlo. Così, nel timore di dimenticare tale espressione incomprensibile, la ragazza partì velocemente verso la casa dell'abate Peyramale, ripetendogli tutto d'un fiato la frase appena ascoltata. L'abate, sconvolto, non ebbe più dubbi. Poco tempo dopo, con la sua lettera pastorale firmata nel 1862, il vescovo di Tarbes riconosceva le apparizioni e consacrava Lourdes alla sua vocazione di santuario mariano internazionale. La sera del 7 Luglio 1866, Bernadette varcava la soglia della casa madre della Congregazione delle Suore della Carità di Nevers. "Sono venuta qui per nascondermi", aveva detto con umiltà. Tante attenzioni, tante morbose curiosità attorno alla sua persona dopo le apparizioni, non le davano che dispiacere. Nei 13 anni che rimane a Nevers sarà infermiera, a volte sacrestana, ma spesso ammalata lei stessa. Svolse tutte le sue mansioni con delicatezza e generosità: "Non vivrò un solo istante senza amare". Ma la malattia avanzava implacabile: asma, tubercolosi, tumore osseo al ginocchio. L'11 Dicembre 1878 fu definitivamente costretta a letto: "Sono macinata – dice lei – come un chicco di grano". A 35 anni di età, il 16 Aprile 1879, mercoledì di Pasqua, alle 3 del pomeriggio, gli occhi della piccola veggente che videro Maria si chiusero per sempre. Il suo corpo, rimasto incorrotto, è esposto alla venerazione dei fedeli a Nevers. Ecco alcuni suoi pensieri di ascetica mariana:

> "O Maria, Madre dolce, ecco la vostra figlia che non ne può più. Abbiate pietà di me; fate che un giorno possa essere in cielo con voi. Sotto i colpi della prova, della tentazione e della desolazione, verrò a rifugiarmi nel vostro Cuore, mia buona Madre ed in esso deporrò ogni angoscia e ad attingere forza e

coraggio. A vostra somiglianza starò ai piedi della Croce. Coll'anima mia unita alla Vostra voglio cominciare qui in terra a glorificare il Signore con un perenne omaggio di perfetta sottomissione: ricevete, o Maria, il mio cuore come vittima espiatrice per le mie colpe; stritolatelo per mezzo del dolore; io vi faccio sacrificio di tutte le creature, affinché il mio cuore non sia mai più di altri, ma solo di Voi e di Gesù; concedetemi la grazia di morire a me stessa e di vivere solo del mio dolce Gesù e per il mio dolce Gesù".

SANTA TERESA DI GESÙ BAMBINO, vergine e dottore della Chiesa (1873-1897). La sua spiritualità mariana si fonde con la sua "piccola via", di cui, anzi, ne rappresenta la linea maestra: si tratta infatti dell'*infanzia spirituale "in Maria"*. La sua piccola via, infatti, fatta di un grande amore e di una grande confidenza verso il Bambino Gesù, non solo non può prescindere dalla presenza di una "Mamma", ma trova anche nella semplicità, imitabilità e maternità della Vergine un mezzo formidabile per accedere all'intimità con Gesù. Santa Teresina insiste molto sulla necessità di un rapporto intimo, filiale, amoroso con Maria. Queste espressioni, davvero deliziose, riassumono tutta la sua spiritualità:

> "Ma lo sapete, o Vergine santa, che io sono più felice di voi? Io vi ho per Madre e Voi non avete, come me, una Madonna da amare. È vero che siete la Madre di Gesù, ma questo Gesù me lo avete dato interamente. Dunque siamo più ricchi di Voi, perché possediamo Gesù e Voi pure siete nostra. Senza dubbio la santa Vergine riderà della mia ingenuità, eppure ciò che Le dico è vero. O Maria, se io fossi la Regina del cielo e Tu fossi Teresa, vorrei essere Teresa perché Tu fossi la Regina del Cielo".

SANTA GEMMA GALGANI, vergine (1878-1903). Questa straordinaria vergine di Lucca, fin da bambina ricevette la devozione alla Mamma *celeste* dalla sua mamma *terrena*, che le insegnò ad offrirle tre *Ave Maria* al giorno con le mani sotto le ginocchia per avere da Lei custodita la virtù della purezza. Perse la mamma terrena all'età di otto anni, facendone offerta eroica a Dio prima che ella chiudesse gli occhi dicendo con straordinario coraggio: "da oggi la mia Mamma sarà la Madonna". Recitava quotidianamente il Rosario intero in ginocchio, leggeva continuamente libri mariani, a venti anni nella festa dell'Immacolata offrì a Maria il voto di verginità, si preparava con tridui e novene a tutte le feste mariane. La Madonna le disse: "Io voglio *assolutamente* che tu diventi perfetta"; ed ella la pregava: "Vergine, fatemi santa"; e la Madonna la esaudì. La Vergine la trasformò in Sé, le prestò il Suo cuore per amare Gesù e la trasformò nel Crocifisso assistendola durante l'impressione delle stimmate, che ricevette mentre stava sotto il suo manto; fu da Lei assistita nelle continue vessazioni del demonio. Santa Gemma scrisse:

> "Madre mia, ti voglio amare tanto, l'anima mia non mi appartiene più: è tua! Prendila, Gesù, la povera anima mia e consegnala alla Mamma tua. Mamma mia, Gesù ti ha donato l'anima mia, io invece ti dono anche il mio cuore. Ti ricordi, Mamma, il giorno che salivi al cielo e mi portasti via il cuore? Tienilo sempre lassù, sempre con Te, vicino a Te ho tutto. A me togliesti il cuore e ora non me lo dai più, ora che sotto i tuoi amplessi non è più terreno, ma celeste".

Ecco il racconto delle stimmate:

> "Un giorno tornando a casa dopo la Comunione Gemma sentì una voce dire: «Gemma coraggio! Ti aspetto al Calvario: è verso quel monte che sei diretta». La voce premonitrice non tardò molto a cominciare a realizzare quanto preannunciato. L'8.6.1899, vigilia della festa del S. Cuore, di sera Gemma percepisce in maniera più straordinaria del solito un dolore straziante dei suoi peccati. Ebbe la coscienza chiara dell'intensità dell'offesa recata a Dio e quindi dei tormenti che Gesù dovette soffrire per lei. Ne seguì un forte sentimento di disgusto per tutti i suoi peccati ed il desiderio di espiarli. Immediatamente dopo cadde in estasi e si trovò di fronte a Maria ed alla cui destra stava ritto il suo Angelo custode. La Madonna la invitò a recitare l'atto di contrizione, quindi la Madre santa in nome di Gesù l'assolse dai suoi peccati. Disse a Gemma che Gesù proprio perché l'amava tanto voleva farle una grazia speciale e le chiese se sapeva rendersene degna. Maria quindi l'avvolse col suo manto ed immediatamente dopo le apparve Gesù con tutte le ferite aperte; da quelle ferite uscirono fiamme di fuoco che penetrarono le sue mani ed i suoi piedi. Si sentì morire, ma la Madonna la sorresse forte. Infine, dopo parecchie ore appena dopo che Maria la baciò sulla fronte tutto sparì e si ritrovò in ginocchio per terra grondando sangue dalle piaghe che si erano formate sulle mani e sui piedi. Cercò di coprirle come meglio potette e con l'aiuto dell'angelo andò a letto". Infine il racconto delle vessazioni: "Zia Cecilia riferì che i demoni frequentemente l'aspettavano in camera la sera sotto forma di cani, gatti mostruosi, di uomini spaventosi, di selvaggi. Altre volte s'imbatteva in due uomini forzuti che con delle funi la battevano a lungo. Gemma si confidava col cuore pieno di sofferenza al confessore riguardo a queste situazioni, cercando conforto e sostegno spirituale. Il demonio in tanti altri modi la tormentava:

sotto forma di apparizioni mostruose, di terrori e percosse improvvise che le infliggeva certe volte anche di giorno. Così arrivò anche a cercare d'impedirle di far la comunione, apparendole sotto forma di omaccio, spaventandola e spingendola a terra nel fango prima di entrare in Chiesa".

BEATO BARTOLO LONGO (1841-1926). L'avvocato Bartolo Longo nacque a Latiano (Brindisi) il 10.2.1841. Di temperamento esuberante, da giovane si dedicò al ballo, alla scherma ed alla musica; intraprese gli studi superiori e si iscrisse alla Facoltà di Giurisprudenza nell'Università di Napoli. Conquistato dallo spirito anticlericale che dominava nell'Ateneo napoletano, partecipò a manifestazioni contro il clero e il Papa; dubbioso sulla religione, si lasciò attrarre dallo spiritismo fino a diventarne un sacerdote che celebrava i riti imitando quelli della Chiesa. Il prof. Vincenzo Pepe, suo caro amico, compaesano e uomo religiosissimo, seppe del suo tormento interiore, lo avvicinò, e lo convinse ad avere contatti con il dotto domenicano padre Radente, che con i suoi consigli e la sua dottrina, lo ricondusse alla fede cattolica e alle pratiche religiose. Conseguita la laurea (1854), tornò al paese natio e prese a dedicarsi ad una vita piena di carità e opere assistenziali; rinunziò al matrimonio, ricordando le parole del venerabile Emanuele Ribera redentorista: "Il Signore vuole da te grandi cose, sei destinato a compiere un'alta missione"; abbandonò la professione di avvocato, fece voto di castità e tornò a Napoli per dedicarsi alle opere di beneficenza; qui incontrò la contessa Marianna De Fusco, che rappresentò una svolta decisiva per la sua vita. Divenne compagno inseparabile nelle opere caritatevoli della contessa, che era vedova, istitutore dei suoi figli e amministratore dei suoi beni. La loro convivenza diede adito a parecchi pettegolezzi, pur avendo il beneplacito dell'arcivescovo di Napoli cardinale Guglielmo Sanfelice; dopo un'udienza accordata loro da papa Leone XIII, il quale sollecitava una soluzione confacente, decisero di sposarsi nell'aprile 1885, con il proposito però di vivere come buoni amici, in amore fraterno, come avevano fatto fino allora. La contessa De Fusco era proprietaria di terreni ed abitazioni nel territorio di Pompei e Bartolo Longo, come amministratore si recava spesso nella Valle; vedendo l'ignoranza religiosa in cui vivevano i contadini sparsi nella campagne, prese ad insegnare loro il catechismo, a pregare e specialmente a recitare il S. Rosario. Una pia suora gli donò una vecchia tela raffigurante la Madonna del Rosario, molto rovinata; restauratala alla meglio, il Beato decise di portarla nella Valle di Pompei e lui stesso racconta, che nell'ultimo tratto del percorso depose il quadro su un carro carico di letame (che allora veniva usato come concime nei campi). Il 13 febbraio

1876, il quadro venne esposto nella piccola chiesetta parrocchiale. Da quel giorno la Madonna elargì con abbondanza grazie e miracoli; la folla di pellegrini e devoti aumentò a tal punto che si rendeva necessario costruire una Chiesa più grande. Bartolo Longo, su consiglio anche del vescovo di Nola, iniziò il 9 Maggio 1876 la costruzione del Tempio che terminò nel 1887. Il quadro della Madonna, dopo essere stato opportunamente restaurato, venne sistemato su un trono splendido; l'immagine poi verrà anche incoronata con un diadema d'oro, ornato da più di 700 pietre preziose e benedetto da Papa Leone XIII. I devoti alla Madonna sono soliti recitare la supplica alla Regina del Santo Rosario di Pompei l'8 Maggio e la prima Domenica di Ottobre. Il beato ha promulgato la devozione dei quindici (ora venti) Sabati in onore della Vergine del S. Rosario, che sono un esercizio molto raccomandato per santificare il Sabato.

BEATI FRANCESCO (1908-1919) e GIACINTA (1910-1920) MARTO. Questi due fanciulli beatificati nel 2000 da Giovanni Paolo II sono soprattutto esempi di preghiera e sacrificio portati fino all'eroismo e pertanto modelli esemplari di spiritualità mariana, che ha nella preghiera e nel sacrificio le sue colonne portanti. È noto che dopo le apparizioni, i pastorelli pregavano il S. Rosario intero in ginocchio, soffrivano senza lamentarsi il caldo e il freddo, facevano molte mortificazioni corporali, come il digiuno (si privavano della merenda), il cilizio (che portavano notte e giorno, ricevendo l'invito dalla Madonna stessa a portarlo solo di giorno) ed altre forme di mortificazioni (non giocare con gli amichetti, gettarsi tra le ortiche, etc.). Passavano ore intere in adorazione del Santissimo Sacramento. Entrambi morirono fanciulli, colpiti dalla terribile spagnola, come la Madonna aveva loro predetto, e morirono dopo grandi sofferenze e, in situazione di profonda solitudine affettiva.

Per quel che concerne Francesco, la malattia lo rendeva così debole da non aver più la forza di recitare il Rosario. Egli sapeva perfettamente che sarebbe morto e tale certezza gli veniva da quanto la "Bianca Signora" aveva detto a Fatima nell'apparizione del 13 giugno 1917: "Vorrei chiedervi di portarci in cielo", domandò Lucia alla Vergine, a nome suo e dei cugini. "Sì, Giacinta e Francesco li porterò presto", fu la risposta, "ma tu devi restare qui ancora un po' di tempo". Durante la malattia Francesco si mostrò sempre allegro e contento. Quando Lucia gli domandava se soffriva molto, egli così rispondeva: "Abbastanza, ma non fa niente, soffro per consolare il Signore, e poi tra poco vado in cielo!". Nel febbraio 1919 le sue condizioni peggiorarono visibilmente e fu deciso di farlo rimanere a letto, assistito quasi sempre da Giacinta. Un giorno i due bambini mandarono a chiamare Lucia che, appena entrò da loro, disse: "La Madonna è venuta a trovarci e dice che presto tornerà a prendere Francesco per condurlo in Cielo". Il 2 aprile lo stato di salute di Francesco era così aggravato che fu chiamato il parroco per confessarlo. Egli temeva di morire senza poter ricevere la prima Comunione e questo pensiero gli causava una grande pena. Ma il parroco lo accontentò somministrandogli per la prima volta l'Eucarestia la sera stessa. L'indomani Francesco diceva alla sorellina Giacinta: "Oggi sono più felice di te, perché ho Gesù nel mio cuore". E insieme si misero a recitare il santo Rosario. A notte salutò Lucia, dandosi un arrivederci in Cielo. Poi disse alla madre: "Guarda, mamma, che bella luce là, vicino alla porta!... Adesso non la vedo più...". Il suo volto si illuminò di un sorriso angelico e, senza agonia, senza contrazione, senza un gemito, spirò dolcemente: erano le 10 di sera, ancora non aveva 11 anni. A Francesco piaceva restare in chiesa "vicino a Gesù", come egli diceva: "Per me non vale la pena di imparare a leggere, fra poco vado in Cielo". Francesco non fu solo l'ambasciatore di un invito alla preghiera e penitenza, ma con tutte le forze si sforzò di incarnare nella sua vita tale messaggio, che proclamò al mondo più con le opere che con le parole. Non perdeva nessuna occasione per unirsi alla Passione di Cristo e così cooperare alla salvezza delle anime, alla pace nel mondo e alla crescita della Chiesa. L'altra pietra miliare del suo apostolato fu la preghiera: sentì che la sua missione era di pregare incessantemente secondo le intenzioni della Madonna. Nutrì una speciale devozione all'Eucarestia e trascorreva molto tempo in Chiesa ad adorare il Santissimo Sacramento, che chiamava "Gesù nascosto". Ogni giorno recitava i quindici misteri del S. Rosario e spesso ne aggiungeva altri per soddisfare i desideri della Vergine. Pregava per consolare Dio, per onorare la Madre del Signore, per suffragare le anime del Purgatorio, per sostenere il Sommo Pontefice nella sua missione di pastore universale; pregava per le necessità del mondo sconvolto dall'odio e dal peccato.

Per quel che concerne Giacinta, la Madonna irruppe nella sua vita, cambiandola radicalmente: meditava a lungo sull'eternità dell'inferno e "prese sul serio i sacrifici per la conversione dei peccatori", privandosi anche della merenda per soccorrere i bambini di due famiglie bisognose, si innamorò del Papa che voleva tanto incontrare a tu per tu; la sorpresero spesso in preghiera fatta con uno slancio di amore sicuramente superiore alla sua età. Qualsiasi sofferenza offerta per la conversione dei peccatori fu sempre accompagnata da un amore che si riscontra solo nei più grandi mistici. Il 23 dicembre 1918, 14 mesi dopo l'ultima apparizione, venne colpita dalla "spagnola", ma mentre Francesco si spense in pochi mesi, per Giacinta il calvario fu più tormentato, dal sopraggiungere di una pleurite purulenta, da lei sopportata e offerta "per la conversione dei peccatori e per riparare gli oltraggi che si fanno al cuore immacolato di Maria". Un ultimo grande sacrificio le venne chiesto: staccarsi dai suoi e soprattutto dalla cugina Lucia, per un ricovero nell'ospedale di Lisbona. Dove si tentò di tutto, anche un intervento chirurgico senza anestesia per tentare di strapparla dalla morte, ma dove la Madonna venne serenamente a prenderla il 20 febbraio 1920, come aveva promesso.

SERVO DI DIO DON EDOARDO POPPE (1890-1924). Fu un'anima mariana fin dai suoi più teneri anni. Entrato in Seminario lesse il *Trattato* del Montfort, da cui rimase fortemente scosso, emettendo la sua prima consacrazione mariana nel 1912. Tutto il suo percorso di avvicinamento al sacerdozio fu segnato dalla presenza di Maria (con la tonsura Le chiese di spogliarlo di tutto ciò che non è Dio; con l'esorcistato Le chiese di schiacciare la testa a Satana, etc.). Affidato il sacerdozio a Maria, fu mariano nell'esercizio del ministero, soprattutto della direzione spirituale ("io conduco a Lei tutte le anime, perché in Lei imparino a trovare e a pregare Gesù"). La sua spiritualità mariana si incentra sull'essere "Gesù per Maria e Maria per Gesù". Visse l'esperienza della trasformazione in Maria. Giunto al termine della vita, fu felice di consegnare la sua anima sacerdotale alla Madre sua.

SERVO DI DIO P. ANSELMO TREVES (O.M.I., 1875-1934). Anche lui lesse in Seminario il *Trattato della vera devozione*, che lo fece immergere totalmente nella spiritualità mariana. Si sentiva sacerdote di Maria, con la vocazione speciale di far conoscere e amare la Madonna con un culto spinto fino alla schiavitù, vivendo e facendo vivere per mezzo di Maria, con Maria, in Maria e per Maria. Questo il suo programma mariano: "procurare il Regno di Maria, un regno sempre più interiore e che deve estendersi a tutti, tendente a impregnare tutto dello spirito, della mentalità, delle tendenze, delle viste e delle intenzioni di Maria: ecco il mio programma". Con Maria confessava, con Lei saliva sul pulpito, portava sempre il Rosario in mano, desiderava diventare "arcimariano". Ad un certo punto non gli bastò più essere sacerdote secolare, desiderando abbracciare la vita religiosa, una vita religiosa ardentemente mariana: scelse gli Oblati di Maria Immacolata ed ebbe il permesso di entrare in quella Congregazione, "per essere sempre *cosa* della Madonna: non faccio che parlare di Lei e a Lei spingere tutte le anime". Diceva: "più mi occupo delle anime, più trovo che la via mariana è la più facile, la più sicura, la più breve. Vorrei avere miliardi di vite per viverle tutte ai piedi di Maria, miliardi di cuori per amarla follemente".

SAN MASSIMILIANO M. KOLBE (ofm conv., 1894-1941). In tempi in cui imperversavano il modernismo, i totalitarismi di destra e sinistra e una grande diffusione delle idee massoniche, Massimiliano Kolbe, giovane frate non ancora sacerdote, fondava col permesso dei superiori la "*Milizia dell'Immacolata*", per la conversione di tutti gli uomini per mezzo di Maria. Tornato a Cracovia, col permesso dei superiori e del vescovo, si dedicò a quella sua nuova fondazione mariana, la "*Milizia dell'Immacolata*", raccogliendo numerose adesioni. Nel 1921, a Cracovia, fondò un giornale di poche pagine "*Il Cavaliere dell'Immacolata*" per alimentare lo spirito e la diffusione della "*Milizia*". A Varsavia, tramite una donazione, fondò "*Niepokalanow*" ('Città dell'Immacolata'): dalle prime capanne si passò a edifici in mattoni; dalla vecchia stampatrice, si passò alle moderne tecniche di stampa e composizione; dai pochi operai a 762 religiosi di dieci anni dopo; il "*Cavaliere*" raggiunse la tiratura di milioni di copie, a cui si aggiunsero altri sette periodici. Col suo ardente desiderio di espandere il suo Movimento mariano oltre la Polonia; sempre col permesso dei superiori, si recò in Giappone dove poté fondare la "Città dell'Immacolata" ("Mugenzai No Sono") a Nagasaki; nel 1930 aveva già una tipografia e si spedivano le prime diecimila copie de "*Il Cavaliere*" in lingua giapponese. Ma ormai la II Guerra Mondiale era alle porte e padre Kolbe, presagiva la sua fine e quella della sua Opera, preparando per questo i suoi confratelli. Il 19 Settembre 1939, i tedeschi prelevarono padre Kolbe e gli altri frati, portandoli in un campo di concentramento, da dove furono inaspettatamente liberati l'8 Dicembre; tornati a Niepokalanow, ripresero la loro attività, ma durò solo qualche mese; nel Febbraio 1941, il Padre venne di nuovo imprigionato. Dopo aver subito maltrattamenti dalle guardie del carcere, indossò un abito civile, perché il saio francescano li adirava moltissimo. Il 28 Maggio fu trasferito ad Auschwitz; fu messo insieme agli ebrei perché sacerdote, col numero 16670 e addetto ai lavori più umilianti come il trasporto dei cadaveri al crematorio. La sua dignità di sacerdote e uomo retto primeggiava fra i prigionieri, un testimone disse: "Kolbe era un principe in mezzo a noi". Alla fine di Luglio fu trasferito al Blocco 14; uno di loro fuggì e secondo l'inesorabile legge del campo, dieci prigionieri vennero destinati al bunker della morte. San Massimiliano si offrì al posto di un padre di famiglia ebreo. La disperazione che s'impadronì di quei poveri disgraziati, venne attenuata e trasformata in preghiera comune, guidata da Padre Kolbe e un po' alla volta essi si rassegnarono alla loro sorte; morirono lentamente mentre le loro voci oranti si riducevano progressivamente a lievi sussurri; dopo 14 giorni ne rimanevano ancora quattro in vita, fra cui Padre Massimiliano; allora le SS decisero di abbreviare la loro fine con un'iniezione di acido fenico; il francescano martire volontario, tese il braccio dicendo "Ave Maria". Furono le sue ultime parole: era il 14 Agosto 1941. La conoscenza dei suoi scritti, ora raccolti in un ampio volume dal titolo "*Scritti di san Massimiliano*", è importantissima per crescere nella conoscenza della Madonna. Eccone alcuni estratti:

> "Essere Suoi senza alcuna costrizione, irrevocabilmente, per sempre. E divenire suoi sempre più, in modo sempre più perfetto, farsi simili a Lei, unirsi a Lei, divenire in certo qual modo Lei stessa, affinché Ella prenda sempre più possesso della nostra anima, si impadronisca totalmente di essa, e in essa e per mezzo di essa Ella medesima pensi, parli, ami Dio e il prossimo ed agisca. Ecco l'ideale: divenire Suoi, dell'Immacolata" (SK1211).
>
> "Di Lei desideriamo esser figli, servi, schiavi d'amore, cosa e proprietà, strumenti docili a tutto ciò che in ogni tempo l'amore verso di Lei suggerisce al cuore di qualsiasi persona che ama"(SK 1327).
>
> "Amala, quale madre, con tutta la tua dedizione. Ella ti renderà simile a Lei, ti renderà sempre più immacolato, ti aiuterà con tutta la Sua grazia. Lasciati guidare da Lei, lasciati plasmare" (SK 1334).
>
> "Sappiamo degli ossessi, indemoniati, per i quali il diavolo pensava, urlava, agiva. Noi vogliamo essere così e più ancora, illimitatamente ossessi di Essa, che Essa stessa pensi, parli, agisca per mezzo di noi. Vogliamo essere fino a quel punto dell'Immacolata che non soltanto non rimanga niente in noi che non sia di Essa, ma che diventiamo quasi annientati in Essa, cambiati in Essa, transustanziati in Essa ... Essa è di Dio fino a diventare Sua madre e noi vogliamo diventare la madre che partorisca in tutti i cuori che sono e saranno l'Immacolata" (SK 508).
>
> "Consacrati a Lei illimitatamente [...] non abbiamo diritto né a pensieri, né ad azioni, né a parole nostre. Ella ci governi dispoticamente. Si degni benevolmente di non rispettare la nostra libera volontà e, qualora noi volessimo in qualsiasi cosa svincolarci dalla sua mano immacolata, ci costringa" (SK 373).
>
> "Ella è lo strumento più perfetto nelle mani di Dio, mentre noi, da parte nostra, dobbiamo essere degli strumenti nelle sue mani immacolate. Quando perciò debelleremo nel modo più rapido e più perfetto il male nel mondo intero? Ciò

avverrà allorché ci lasceremo guidare da Lei nella maniera più perfetta. È questo il problema più importante ed unico" (SK 1160).
"Permettiamo a lei di fare in noi e per mezzo nostro qualunque cosa desidera. Ella compirà sicuramente miracoli di grazia. Un'anima che è effettivamente consacrata all'Immacolata fino a questo punto non può non esercitare un influsso sull'ambiente che la circonda, anche senza esserne consapevole. Essa tuttavia non si accontenta di questo, ma compie ogni sforzo possibile per guadagnare anche altri all'Immacolata, affinché anche altri divengano come Lei. Noi viviamo, lavoriamo, soffriamo e bramiamo morire per Lei e con tutta l'anima, in tutti i modi, con tutte le invenzioni. Desideriamo innestare questa idea fissa in tutti i cuori" (SK326).

PADRE GIUSEPPE SCHRYVERS (CSSR). Padre Schryvers ha scritto un libretto mariano molto profondo, edito da Casa Mariana ("*La madre mia*"), breve ma molto intenso, che presenta una profonda dottrina mariana incentrata, principalmente, sulla devozione filiale alla Madonna e sul fatto che Maria, concependo e dando alla luce Gesù, ha contestualmente ed inseparabilmente concepito e dato alla luce tutti i suoi discepoli: l'unione con Lei è dunque imprescindibile, perché fondata sul beneplacito e sulla scelta operata da Gesù di fare di Lei sua Madre e, quindi, Madre di tutti noi. Eccone un brevissimo estratto:

> "Dio ha creato Maria affinché amasse Dio degnamente [...] e ha creato tutti gli altri uomini affinché la Vergine divina, attraverso di loro, possa moltiplicare come all'infinito il suo amore per Gesù [...]. Non siamo dunque soli ad amare, ma Essa ama per nostro mezzo. Quello che vi è di difettoso nel nostro amore, lo purifica e lo trasforma. O Madre mia! Prendimi dunque! Voglio esserti indissolubilmente unito. Che l'anima mia si applichi alla tua, s'immedesimi nella tua sostanza e sparisca in essa come la scintilla in un immenso braciere! Che il mio spirito sia del tutto compreso nel tuo, la mia memoria, la mia immaginazione siano assorbite in te, i miei sentimenti, le mie commozioni, i miei affetti siano confusi con i tuoi, il mio volere sia identificato con la tua volontà, il mio cuore sia fuso col tuo cuore immacolato, affinché io sua ravvolto da te e tu possa così far passare attraverso di me l'immensa carità che porti a Gesù. Che io sia più unito a te di quello che il bambino è a sua madre. Che l'anima mia nella propria vita spirituale non viva se non in te. Che i palpiti del tuo cuore siano i miei, che il tuo sangue materno circoli nelle mie vene, che

il tuo respiro conservi e rinnovi in me la vita della grazia! O Madre mia! Quale gioia è per me sapere che vivo in te e che tu ami Gesù per mezzo mio!".

PADRE EMILIO NEUBERT (1878-1967). Sacerdote marianista, la sostanza del suo messaggio si può così riassumere: per diventare apostolo, per trasformarsi in un altro Cristo, Maria rappresenta il mezzo migliore. E cioè: il ruolo costante di Maria è quello di generare altri Cristo. Gli vengono attribuiti più di 150 scritti, Tra i quali "*Il Mio Ideale*" (1933), un classico della spiritualità mariana da conoscere e approfondire. Nel 1936 pubblicò "*La vita di Maria*"; nel 1941 "*Nostra Madre*"; nel 1944 "*La Regina dei militanti*", piccolo trattato di spiritualità mariana ad uso dell'Azione Cattolica. "*Maria e il nostro Sacerdozio*" (1952) è il frutto della sua esperienza di formatore di sacerdoti. Ecco un estratto del "*Mio Ideale*":

> *Maria*: Figlio mio, ascolta e comprendi. Voglio insegnarti una dottrina tanto difficile da intendere, anche e soprattutto perché credi di conoscerla già da molto tempo: la dottrina della salvezza per mezzo della Croce. Quelli che si consacrano all'apostolato cristiano sanno che la sofferenza ha un'efficacia grandissima al riguardo: Gesù ha salvato il mondo con la sua passione e morte; per essere la Corredentrice io ho dovuto essere l'Addolorata; i grandi apostoli hanno tutti patito grandi tribolazioni. Ma quando la sofferenza viene a visitarli personalmente, non si ricordano più del suo significato; si meravigliano e si scoraggiano [...]. Tu invece, figlio mio, guarda coraggiosamente la croce che ti è destinata. Dovrai compiere duri sacrifici. Dovrai lavorare ed affaticarti, spendere le tue forze e logorare la tua salute al mio servizio. E ciò non solamente per alcune ore o per alcuni giorni, ma finché vi saranno uomini da salvare; non solamente nelle ore di successo e di conforto, ma anche in mezzo alle difficoltà e alle amarezze. E dovrai andare incontro a immolazioni volontarie, dovrai farti vittima in cambio dei fratelli da salvare; e quanto più sterili ed ardui ti appariranno i tuoi sforzi, tanto più vi dovrai aggiungere mortificazioni ed espiazioni volontarie. Sei pronto ad abbracciare questa croce? Forse sì. Ma ecco un'altra croce ben più difficile da portare, perché non te la imponi da te stesso e perché è veramente sconcertante. Le tue intenzioni saranno fraintese, i tuoi disegni scherniti, la tua attività biasimata. Coloro che dovrebbero aiutarti si disinteresseranno delle tue fatiche o tenteranno di distruggere ciò che ti sarai sforzato di edificare; coloro che dovrebbero incoraggiarti ti sconfesseranno o sovvertiranno i tuoi piani. Vi opporranno ogni sorta di ostacoli e poi diranno a chi li vorrà sentire che da molto tempo ne

avevano predetto la cattiva riuscita. Se porti volentieri la croce che scegli tu stesso; se ti rassegni facilmente alla croce che ti proviene dalla malattia o dalla povertà; la croce che ti preparano l'ignoranza, la stoltezza o la malvagità degli uomini potrebbe suscitare in te un senso di ribellione. Eppure questa croce, proprio questa, racchiude in sé una maggiore efficacia di redenzione. Considera Gesù. Si è forse imposto da sé la sofferenza con la quale ti ha salvato? O non fu piuttosto il frutto dell'ignoranza, della stoltezza e della malvagità degli uomini, di coloro stessi che per il loro ufficio avrebbero dovuto aiutarlo a salvare la loro nazione? Non ti meravigliare se lo spirito del male si accanisce in questo modo nell'ostacolare le tue imprese: prendendo di mira i miei collaboratori egli in realtà combatte me. Conserva intera la tu a fiducia e il tuo coraggio. La sua sconfitta sarà tanto più completa: gli ho schiacciato il capo e glielo schiaccerò sempre!".

PADRE SEVERINO M. RAGAZZINI (1920-1986). Frate minore conventuale, autore di un testo di spiritualità mariana straordinario ("*Maria vita dell'anima*") edito da Casa Mariana (1984) e che narra come la Madonna interviene in tutte le fasi della crescita spirituale dei suoi devoti, dalle prime esperienze di consolazione interiore fino alle vette del matrimonio mistico. L'autore non si limita a spiegare cose e concetti, ma nella narrazione presenta le esperienze personali che i santi mariani hanno avuto dell'azione e dell'influsso di Maria. È un libro assolutamente da leggere per acquisire una solida conoscenza della grandezza della Madonna e della sua importanza nel processo di crescita spirituale.

MARIA VALTORTA (1897-1961). Mistica italiana, ricevette la grazia straordinaria di "vedere" la vita di Gesù e di Maria e di trascriverla per loro ordine in un'*Opera* chiamata "*L'Evangelo come mi è stato rivelato*". Padre Gabriele M. Roschini, servita, mariologo del '900 di fama internazionale e di indiscussa autorità, fondatore del Pontificio Istituto "*Marianum*", conobbe la scrittrice definendola una buona cristiana, ma non dette da principio credito alle sue presunte esperienze mistiche. Finché, durante un'estate, lesse l'intera *Opera* (ed anche gli altri scritti della mistica campana) rimanendone letteralmente folgorato, fino al punto di scrivere un libro ("*La Madonna negli scritti di Maria Valtorta*"), edito dal Centro Editoriale Valtortiano, che adoperò addirittura come libro di testo nei suoi ultimi corsi di mariologia al *Marianum*. È un gioiello inestimabile, da cui emerge una figura di Maria incantevole sia per la sua sublime umanità sia per la sua immacolata pienezza di grazia che traspare in tutti i suoi gesti, le sue parole e le sue parole. È un'opera da leggere, da conoscere e soprattutto da meditare.

PADRE STEFANO MARIA MANELLI (1933-). Fu uno dei tredici figli di Settimio Manelli, figlio spirituale di San Pio, di cui recentissimamente è stato pubblicato il decreto per aprirne la causa di beatificazione. Entrato nel Seminario minore dei conventuali francescani a 12 anni, fu ordinato sacerdote nel 1955. Fu, come già suo padre, anch'egli figlio spirituale di san Pio da Pietrelcina, sotto la cui guida, il 4.10.1967 si consacrò con un'offerta particolare e personale a Dio, attraverso l'Immacolata, per le necessità della Chiesa. Negli anni successivi, attratto fortemente dall'idea di riportare la vita francescana allo spirito ed al fervore delle origini ed affascinato dalla vita e dalla spiritualità di san Massimiliano M. Kolbe, diede vita, insieme a P. Gabriele M. Pellettieri, ad una forma rinnovata di vita francescana-mariana, sfociata nella nuova Congregazione religiosa dei Frati e le Suore Francescane dell'Immacolata, approvati da Papa Giovanni Paolo II nel 1998, la cui spiritualità può essere condivisa anche dai laici attraverso l'incorporazione ad uno dei tre rami della M.I.M. (Missione dell'Immacolata Mediatrice), che prevede: nel grado più "basso" la consacrazione semplice all'Immacolata; nel secondo, l'emissione del "voto mariano"; nel terzo il voto mariano con l'aggregazione ai terziari francescani dell'Immacolata (e l'impegno nell'apostolato organizzato). Recentemente è sorta anche una nuova Congregazione di vita clariana, le "*Clarisse dell'Immacolata*", che fa proprio il carisma di vita francescano-mariano all'interno del secondo ordine di san Francesco (appunto le Clarisse). Il "voto mariano" è la massima forma possibile di appartenenza alla Madonna, che presuppone la scelta di una santità fino all'eroismo e che include in sé, *illimitatamente*, tutte le offerte possibili che si possano fare di sé a Dio, compresa l'offerta come vittima ed al martirio cruento, nonché la disponibilità a portare l'Immacolata ed il Vangelo in *qualunque luogo della terra*, ovviamente nelle possibilità concrete del proprio stato di vita. La lettura della "*Devozione alla Madonna*" di padre Stefano è indispensabile a qualunque devoto di Maria; la lettura del "*Voto mariano*" a coloro che sentono l'ispirazione a dare il massimo; la lettura del "*Sentiero Serafico*" (che consiste negli statuti della M.I.M.) a quanti desiderano aggregarsi a queste mirabili forme laicali di appartenenza piena e illimitata all'Immacolata Mediatrice, Avvocata e Corredentrice. Padre Stefano M. Manelli ha scritto anche altri libri di devozione mariana ("*Il Rosario e i Santi*"; "*Maggio mese di Maria*"; la collana "*I Santi e la Madonna*") che sono tutti molto belli e molto utili per crescere nella conoscenza e nell'amore alla Madonna.

INDICE

Printed by Books on Demand GmbH, Norderstedt / Germany